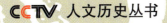

CCTV 人文历史丛书

U0611854

石像的秘密

CCTV《走近科学》编辑部编

长江出版社

图书在版编目(CIP)数据

石像的秘密 / CCTV《走近科学》编. —武汉：长江
出版社,2014.4
(CCTV 人文历史丛书)
ISBN 978-7-5492-2551-4

Ⅰ.①石… Ⅱ.①C… Ⅲ.①石刻—考古—中国—通
俗读物 Ⅳ.①K877.4-49

中国版本图书馆 CIP 数据核字(2014)第 062714 号

SHIXIANG DE MIMI
石像的秘密　　　　　　　　CCTV《走近科学》编辑部　编

责任编辑：高伟　赵欣
装帧设计：泽雨
封面设计：张亮
出版发行：长江出版社
地　　址：武汉市解放大道 1863 号
邮　　编：430010
E-mail：cjpub@vip.sina.com
电　　话：(027)82927763(总编室)　(027)82926806(市场营销部)
经　　销：各地新华书店
印　　刷：四川省南方印务有限公司
规　　格：700mm×1000mm　　　　1/16
版　　次：2014 年 5 月第 1 版
印　　次：2014 年 5 月第 1 次印刷
印　　张：9.5
字　　数：200 千字
书　　号：ISBN 978-7-5492-2551-4
定　　价：26.00 元

(版权所有　翻版必究　印装有误　负责调换)

目录 CONTENTS

中国古代石刻

石头，坚硬而冰冷，然而经过人类之手获得了新的生命：人们把形象和文字镌刻在石头上，替脆弱的生命记录下印迹，留住了人类许多曾经的故事和希冀，于是，石刻便成为——

石 器

——人类对石头的最早利用

位于河北省井陉县的于家村被称为"石头村"，这里俨然是一个石头的世界：石板路，石房子，石拴马石桩，还有石磨、石井、石水槽等，至今石水槽仍是村民们洗衣服的地方。

全村共有石头房屋4000多间，石板街道3700多米，石井窖池1000多个，石碑200多块。可以说于家村人利用了石头，石头又打造了于家村人。

其实，利用石头并非于家村人的专利，因为在人类的发展进程中，石头曾被早期的人类打制成为重要的工具。人类从距今100万年前开始使用石器，一直延续到距今4000年前。直到铜矿石被发现和利用，青铜器才逐渐取代了石器。

随着时代的进步，人类对石头的兴趣不但没有减弱，相反，人类在石头上雕刻图案和文字，这些石刻石雕被保存了下来，成为破译古代人们追寻梦想的重要依据。

[于家村、石箭头]

中国古代石刻

石刻的起源可以追溯到古代的岩画，古代的人们在岩石上绘画，后来逐渐发展成为石雕。在四川省成都金沙遗址出土的动物和人形的石雕，据考证可能是用来祭祀的，这表明古老的原始先民们已经赋予了石头超出实用工具的意义。 古代的人们借助坚硬的石头保存住了曾经的所思所为，形成了独特的石刻石雕艺术。

到了西汉时期，一些王公贵族开山为陵，如满城中山靖王刘胜夫妇的墓就是在天然山体上开凿出两个巨大的洞穴，作为死后的"居所"。到了唐代，有些贵族突发奇想，为自己做起了石头棺材。这些石棺完全采取歇山顶式的唐代建筑形式，两边有高翘的鸱吻，窗子、斗拱、瓦当等都刻画得非常精美。有一位名叫李寿的贵族，他的石棺用8块厚石板和8根倚柱构成，外壁上浮雕着文武卫士、侍从和神仙，内壁上刻有乐舞、侍从人物和12生肖等，雕刻工艺精到，形象生动活泼，成为我国石雕的代表作。

[李寿墓的石椁、墓志]

歇山顶： 古建筑屋顶样式之一，在规格上仅次于庑殿顶。由于其正脊两端到屋檐处中间折断了一次，分为垂脊和戗脊，好像"歇"了一下，故名歇山顶。上半部分为悬山顶或硬山顶的样式，下半部分则为庑殿顶的样式，在视觉效果上给人以棱角分明、结构清晰的感觉。现存最早的歇山顶式建筑是五台山的唐代南禅寺大殿。

鸱吻：又称螭吻，汉朝时建造宫殿，为防止起火就在屋顶正脊两端安装形状类似鸱尾的吞脊兽构件。螭是龙的第九子，喜欢东张西望，经常被安排在建筑物的屋脊上，做张口吞脊状。螭吻属水性，用它作镇邪之物以避火。

石 碑

——无处不在的石刻形式

我国古代的人们给石头赋予的另一种意义就是无处不在的石碑，它是我国最常见的一种石刻形式。

我国石碑的起源和丧葬制度有着密切的关系。人们在石头上刻死者的名字和生平，放在坟墓前，于是墓碑就产生了。墓碑在汉代最为流行，因为汉代实行厚葬，王公贵族们甚至每年都要拿出个人经济收入的 1/3 用于修建墓葬，"树碑立传"这一成语就起源于那个奢靡之风盛行的时代。汉代以后的统治者严禁铺张浪费，不允许在坟前树碑。在这样的情况下，有人就把大石碑变成小石碑，放进墓室里。变通的结果是出现了"墓志"，墓志上写的是墓主人的功绩和生平，这些文字就叫"墓志铭"。

不管留在石碑上的文字开始是出于何种目的，但它却在无意中为后人记录下了某一段历史。我国古代少数民族政权西夏国建立于公元 11 世纪，西夏民族根据汉字创制了自己的文字。后来西夏王国消失，西夏文字也就成为了"死文字"，西夏王国也因此被罩上了神秘的面纱。幸亏有一块完整的西夏文字石碑被保存了下来。

发现这块石碑还有一段颇有意思的故事：今天甘肃武威一带曾是西

中国古代石刻

夏王国的领地，清朝时有一位学者来到武威大云寺游览，发现寺院里有一座碑亭被砖块封死，这到底是为什么呢？僧人告诉他，那里面藏着一块不吉利的石碑，一旦出世就会带来灾难。在这位学者的再三要求下，砖块被拆掉，露出了秘藏的石碑。石碑的一面是西夏文，另一面是汉文，每面大约1800多字，内容涉及西夏的社会、经济等各方面的内容。这块石碑成为研究西夏王国难得的珍贵资料，人们终于找到了这个曾经遗失在历史深处的王国昔日的踪影。

[西夏碑]

石碑的功用除做墓碑外，还有祠庙碑、记事碑、记功碑等。皇帝的"御碑"还要专门修建一座御碑亭，以示对这些碑文的尊重。

西安碑林的"大秦景教流行中国碑"是世界四大名碑之一。这块1000多字的石碑记录了基督教的一个支派——景教传入中国的往事：公元635年，叙利亚传教士阿罗本从波斯来到西安，唐太宗特许他建造景教寺院，景教因此在我国唐代有了很大的发展。此碑被发现之前，这段历史在史书中从未提到，人们从不知道基督教早在唐代已在我国流传。这段早被遗忘的历史依靠这块石碑才得以揭开了谜底。

在山体上直接刻字记事叫做"摩崖石刻"，摩崖石刻也是石碑的一种特殊的类型，它广泛分布于我国的大江南北。

泰山被称为"天下第一山"，虽然它的主峰海拔仅1500多米，但泰山雄奇的山势，叠起的峰峦，突兀的主峰，气势非同寻常。从夏、商开始，

[泰山石刻]

历代帝王都登临泰山祭祀，建庙塑神，刻石题字，历史上一共有72个君王来泰山会诸侯、定大位，刻石记号。古代的文人雅士更对泰山仰慕备至，纷纷前来游历，做诗记文。至今泰山留下了1696处碑碣石刻。

在泰山石刻中，最早的作品是秦代的石刻"无字碑"，"无字碑"位于泰山玉皇顶玉皇庙门前，高6米、宽1.2米、厚0.9米，形制古朴浑厚。泰山还有秦代丞相李斯篆书的刻字碑，虽历经风雨剥蚀只剩下"臣去疾臣请矣臣"7个完整的字，其义也不得而知。但这块石刻被称为"小篆鼻祖"，堪称稀世珍宝。经石峪是泰山石刻中最著名的一处，在2000平方米的石坪上，刻着隶书《金刚经》，字径50厘米，笔锋遒劲有力，被称为"大字鼻祖"、"榜书之宗"，经过1400多年的风雨剥蚀，至今仍保存1043个字。

《金刚经》：公元前494年成书于古印度，是如来世尊释迦牟尼在世时与长老须菩提等众弟子的对话记录，由弟子阿傩所记载，大乘佛教重要经典之一。《金刚经》传入中国后，自东晋到唐朝共有6个译本，以鸠摩罗什所译的《金刚般若波罗蜜经》最为流行。20世纪初出土于敦煌的《金刚经》是世界最早的雕版印刷品之一，现存于英国国家图书馆。

毫无疑问，一块块冰冷坚硬的石碑因艺术的渲染而获得了新的生命，

石碑的记事功能，在中国文化的博大怀抱中得到了最大程度的延伸和深化。

画像石

——古代绘画的另类作品

在我国古代，石头还被人们用来当作画纸作画，这就是画像石。

画像石产生于西汉，流行于东汉，主要在墓葬中用来装饰和祈愿，或者叙述墓主人生前的生活。东汉以后，画像石就基本消失了。正因为如此，画像石也成为汉代的一种文化特征。

[马踏匈奴石雕]

画像石的题材非常广泛，如描绘神仙，东王公、西王母，还有宾客图、出行图，以及狩猎、喂马、拾粪等生活内容的，都刻画得非常生动。

汉武帝曾经把中国带入了一个兴盛时代，当时最年轻的军事统帅霍去病先后6次出击匈奴，立下了卓著的功勋。公元前117年，年仅23岁的霍去病去世。为纪念他的功绩，汉武帝为他修建了墓园。今天，人们在瞻仰霍去病陵墓时，除感慨他的传奇故事，更多的是关注那些用以表彰这位战将的巨型石刻作品。这批雕刻作品简约夸张，粗犷传神，也许它们正是那个时代的社会精神的反映。

这些雕刻作品大部分是用形似的石头进行简单加工而成，比如一匹骏马就是利用一块石头的自然形状顺势加工而成的。它四蹄腾空，在奔跑时发出嘶鸣，鼻孔在喘着粗息，下唇在颤动，这充分体现了汉代石刻博大、恢宏、狂放，有开拓进取之势的特点。在这里最著名的雕刻作品

["飒露紫"骏马石刻]

当属"马踏匈奴"：一匹昂首挺立的战马，端庄肃穆中蕴含着力量。这是我国第一个纪念碑式的雕刻。今天，它仍会令人想起2000多年前征伐匈奴时令人震撼的壮阔场面。

唐太宗死后埋葬在风景秀丽的九嵕山。今天这一带已经失去了往日的风貌，能够反映当时盛极一时的只有包括被风雨剥蚀的6匹石刻骏马浮雕像在内的石刻石雕。"昭陵六骏"只有4座雕像还保存在陕西省碑林博物馆，另2匹在1914年被盗运到了美国。据说，这6匹马都是唐太宗李世民在历次征战中的坐骑，公元636年，唐太宗命画家阎立本绘制6匹骏马图，分别雕刻在6块石屏上。

相对于汉代石刻注重夸张手法来说，唐代石刻更加注重写实。一匹叫"飒露紫"的石刻骏马，刻画了受箭伤的马由随将拔出箭矢那一刻的情景：马微微向后坐，配合主人拔箭。主人怕马疼痛，左手小心翼翼地扶在马的胸前，右手轻轻握着箭杆准备往外拔，他好像在对马说："我给不给你拔箭？不拔你会疼死，拔箭的那一瞬间你还会疼……"那种心态的刻画令人回味无穷。

凿窟造像

——追求安宁的希望种子

凿窟造像，使我国古代的石雕艺术出现了巨大的转变。

从魏晋到唐朝建立的四五百年间，中国正处于剧烈的社会变革时期。

中国古代石刻

经受动荡、混乱、痛苦的千年帝国，当佛教经帕米尔山口传入时，佛教便在人们的心中播下了追求安宁的希望种子。于是，成千上万的人们怀着虔诚的心情，在山上年复一年，日复一日地凿窟造像，迎来了由外来文化和我国传统文化相结合而创造的一个辉煌的佛教石刻艺术时代。著名的云冈、敦煌、龙门、麦积山四大石窟就开凿于这个时代。

四大石窟：指以中国佛教文化为特色的巨型石窟艺术景观，包括敦煌莫高窟、大同云冈石窟、洛阳龙门石窟、天水麦积山石窟。莫高窟又名"千佛洞"，是现存规模最庞大的"世界艺术宝库"，1987年被联合国教科文组织列为世界文化遗产。云冈石窟堪称公元5世纪中国石刻艺术之冠，反映了佛教造像在中国逐渐世俗化、民族化的过程。龙门石窟的造像艺术一开始就融入了对本民族审美意识和形式的悟性与强烈追求堪称展现中国石窟艺术变革的里程碑。麦积山有最早期的经变画等遗迹，是佛教艺术自东向西影响的转折性阶段重要遗迹。

位于河南省洛阳的龙门石窟就是一条石刻艺术长廊，现存石窟1300多个，佛像97000余尊。这里的宾阳洞开凿于公元6世纪的北魏时期，前后用了24年才完成。洞内有11尊大佛像，这些造像在形式风格上明显地受到西域文化的影响，主像释迦牟尼像，高鼻大眼、体态端庄祥和，是北魏中期石雕艺术的杰作。

北魏时期造像的风潮一直席卷到我国东部大海边，山东青州龙兴寺曾出土公元5至7世纪的400多尊佛教造像。其中不少佛像还可以看到龙的形象，说明即使在引进外来文化之初，我国工匠们已经在不自觉地融入

［青州石刻佛像］

了本土文化的特色。到了公元6世纪初，佛教雕像开始更多地融合进当时我国文人的审美时尚，变得清秀飘逸起来，服饰"褒衣博带"，使来自印度的佛穿起了宽衣大袖的典型的汉族传统服装。

到了公元6世纪中期，佛教造像的风格又发生了明显的变化：佛像面部大多丰满圆润，体态敦实厚重，表现出我国北方民族健壮有力的体魄特征，所有造像的服饰风格也变得简洁明快，轻薄贴体，显露出极为健康优美的身段。

[龙门石窟石刻佛像]

唐代是我国进入文化空前繁荣的时期，佛像的艺术风格又一次出现变化，佛像体态富足，面含微笑，神情安详，表现出内心的十分满足，盛唐雄浑博大的气象在这里得到了充分的反映。龙门石窟奉先寺里的卢舍那佛像就是唐代佛教造像的代表作。卢舍那意为光明遍照，这尊佛像丰颐秀目，嘴角微翘，已经完全摒弃了印度人的形象，变成了地道的中原汉人，雕刻手法也在吸收外来技法的基础上完全中国化了。从此，这种类型的佛教造像就成为了中国特有的菩萨形象。

[乐山大佛]

唐代以后，盛极一时的石窟艺术逐步走向平缓。不过，就在我国北方的石窟艺术日渐衰落之时，长江流域又出现了新的创造，四川乐山大佛就是一个人间奇迹。

乐山大佛是我国古代最高的弥勒石刻大佛，它建成于公元803年，通高71米，坐身高59.96米，肩宽28米。海通和尚是开凿乐山大佛的发起人，他在凌云山顶上看见山下的江水常常颠覆舟楫，于是发下宏誓，开凿弥勒大佛，镇得江河安宁。当地能工巧匠前后花费了18年时间，才完成了这个伟大的石刻工程。

我国古代的石刻石雕还有印章、石狮子、石像生以及石牌坊等。到了明、清时期。在皇帝的宫殿里，大量的石雕极尽繁杂与华丽，雕刻中有龙的各种各样形象。同时，还有威风凛凛的石狮子守卫着皇家大院。

石像生：古代帝王陵墓前安设的石人、石兽统称"石像生"，又称"翁仲"，是皇权仪卫的缩影。古代举行大典的时候，除文武百官及军事仪仗排列两侧外，还将人工驯养的狮子、大象等动物装在笼子里，放在御道两旁，以壮皇威。皇帝死后，同样需要排场，所以就在皇陵前设置文武百官、各种动物等石像。

　　此外，被赋予我国古代的人生理想的石牌坊在各地比比皆是，如"贞节牌坊"、"烈女牌坊"和"孝子牌坊"。在于家村就有这样一座象征女人贞节的牌坊，这个牌坊是清乾隆皇帝御赐给吴敬户之妻卢氏的，卢氏从21岁守寡始终没有改嫁。尽管这些冰冷的贞节牌坊记录的是妇女在封建制度下的悲惨故事，但仍不失为中国古代石雕艺术的杰出代表。

青州佛像

    一次极普通的施工，带来一惊世发现：400余尊残破佛像同藏于一大小50余平方米、深度不到3米的窖坑内，其数量之多、年代跨度之久实为罕见，且其中不少堪称艺术精品。这些精美的佛像到底是如何被毁？又是谁将它们收集埋葬？究竟是出于什么目的呢？

1996年10月的一天，山东省青州市一所学校正在为修建操场紧张地施工。突然，一直轰鸣的推土机似乎感到有些异样。当工人们走到车前扒开浮土，现场的人们都大吃一惊……青州佛像窖藏就随着这次偶然的发现被开启了。

窖藏众佛，残破不全

抢救性的考古挖掘工作随之迅速展开。考古人员采用局部发掘的方式整整工作了七天七夜，覆盖着泥土的佛像逐渐显露出它们本来的面貌。

在进行完修复和拼对之后，佛像的总数已达到400余尊。一个面积只有50余平方米、深度不到3米的窖藏坑内为什么会埋藏着数量如此之多的佛像？且许多佛像在经过艰难的修复比对之后，仍然无法完整地再现原貌。它们原本就是一些残缺的肢体？或是一些没有身体的佛头？这一现象表明，它们曾被人为地砸碎。

[青州市博物馆]

青州佛像

经过专家从题材和雕刻技法上进行的技术手段判定，得出结论：这批佛教造像绝大多数完成于公元 5 至 6 世纪的南北朝时期。

[青州的佛像雕刻]

[在许多背屏上都精细刻画有飞天的形象]

[青州窖藏中发现的大批佛像]

不同时代，特色不一

　　据专家介绍，北魏建国后，政教（佛教）逐步合一。当时北魏的统治阶层是积极倡导佛教传播推广的，巨大的石窟佛像因而在这时开始大规模兴建，而这一风潮也同样出现在青州，如现在在青州市附近还保留着几处 6 世纪到 7 世纪建造的佛教石窟。

　　此外，当时还建造了相当数量的寺院庙宇以及塑造了庙宇中供奉着的众多佛像和菩萨。如在此次窖藏出土之前，青州及其周围地区就已经陆续出土了一些佛教造像，目前总数已有 1000 多件。这些佛像与窖藏出土佛像所处的时代大致相同。这不仅可以肯定当时青州地区的佛像雕刻技法已经达到了相当高深的水平，而且更加有力地证明当时的青州不仅是一个佛教中心，还是一个佛像制作的中心。

〔青州佛教造像中年代最早的是北魏晚期的作品〕

【北齐时期的石刻拓品】

另从出土佛像的塑造工艺及形制特征看，青州北魏晚期的佛像大多是带有背屏的造像，这是最早从中亚传入中国的造像样式之一。这一时期造像的主体大多由三尊佛像组成，两旁是胁侍主佛的菩萨，中间是被供奉的主佛，主佛的形象主要是佛教的创始人释迦牟尼。佛祖与菩萨身下的基座往往被姿态各异的荷莲连接成一个整体。与众不同的是，中国的古老图腾——龙的形象也出现在佛像的底座上，这在中国其他地区出土的佛像上还从未见过。

在北魏至东魏时期的造像中，佛像身后的背屏用来表现佛祖身上闪耀的佛光，这是佛教世界里众神不同于凡人的一个重要标志。背屏也成为一个表现佛教世界的载体，在许多背屏的上部都用浮雕手法精细地刻画出一组飞天的形象。

敦煌飞天：飞天多画在墓室壁画中，象征着墓室主人的灵魂能羽化升天。从艺术形象上说，敦煌飞天是多种文化的复合体，是印度文化、西域文化、中原文化共同孕育而成的。它是中国艺术家最天才的创作，是世界美术史上的一个奇迹。

这一时期的佛像大多身材单薄、肩部低垂，是典型的中国汉人的体态。

[北齐时期的造像]

其中，佛像面部的颧骨微微突出，是中国传统文化中智者的形象。这样的造像风格被称为秀骨清像，深受汉族士大夫阶层传统审美情趣的影响，它首先在南方的汉族王朝兴起，很快就波及北方。佛像在服饰上的风格也来自南方汉族王朝的影响，从印度远道而来的佛只是到了中国后才穿起这种宽衣大袖褒衣博带的长衫，这是典型的汉族传统服装。这一佛像上的汉化风格是当时北方草原民族建立的王朝普遍汉化倾向的一个缩影。

随后到了6世纪中后期的北齐。这一时期的佛教造像上，新的风格完全取代了早前秀骨清像的特征，早期从印度传入的艺术风格再次成为主流。如在青州地区出土的北齐时代的石刻拓片上，可以清晰地看出当时胡人已经广泛地进入到青州地区进行经济和文化活动，佛教造像上明显地带着与异域交流的痕迹。就像文献中所载的"曹衣出水"样式，它们或是采用凸棱的方式刻出衣纹，好像打湿的衣衫紧贴身体；或是身上没有任何皱褶，肌肤的轮廓充分显现着人体的优美。

[龙兴寺窖藏佛像]

[龙的图像出现在了佛像的底座上]

[龙兴寺遗址出土的佛像]

此外，北齐时期单体的菩萨造像在雕刻风格上却表现出极为繁复、细腻和华丽的风格，如思维菩萨像是造像中较为特殊的一种：它表现的是释迦牟尼在菩提树下进入冥想而最终大彻大悟的故事。优美的姿态，残留的贴金彩绘和残缺的左臂引领着人们无限的遐想，而神秘的笑意在婴孩一般天真的面庞中微微流露，仿佛在冥想中已顿悟佛的真谛。

现象古怪，多方推测

面对数量如此众多的塑工精美但残缺不全的佛像，人们不禁要问：是谁毁掉了这些艺术珍品？为什么要毁掉它们？又是谁将它们收集集中、深埋地下？为什么要举行这么一次有计划的、精心安排的掩埋行动？

　　的确，这是一个十分古怪的现象，不仅使常人百思不得其解，就连资深的专家们也只能假设、推测。

　　其一，认为和南北朝及晚唐五代时期多次大规模的灭佛行动有关联，这些佛像是在这期间被毁的。因为在一些佛像上可以清晰地看到火烧过的痕迹和修复的痕迹，故一些专家认为很可能这些佛像在历次毁佛灭法运动中被砸毁，又在此后随着佛教的重新兴盛而被修复。

　　三武一宗灭佛事件：佛教从两汉时期传入我国，2000多年间，四次面临灭顶之灾。"三武"是北魏太武帝、北周武帝、唐武宗，"一宗"是后周世宗。这四次灭佛事件，是中国历史上最高统治者亲自发动的破坏佛教和整顿佛教的活动，但佛教每次经历"法难"后都能在中华大地上顽强复苏，可见佛教文化已在中国文化的土壤之中扎下深深的根，成为中国文化不可或缺的一部分。

[造像的主体大多由三尊佛像组成]

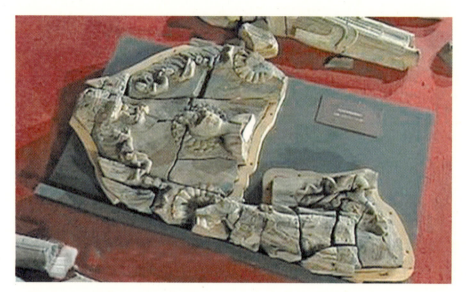

[许多佛像在经过修复后仍无法再现原貌]

[思维菩萨像是造像中较特殊的一种]

　　但是经鉴定，在窖藏出土的众多造像中有几尊为北宋时期的佛像，其中的一尊佛像上还发现了"北宋天圣四年（1026年）"的字样，这一时期距离南北朝时期的最后一次灭佛运动已过去了近500年。因此，关于佛像毁于灭佛运动并在此后被埋葬的假设就不能成立。

　　其二，部分专家认为佛像被毁与北宋末年的金兵南侵有关。根据文献记载，金兵在这一时间段内多次攻打青州城，其中有5次攻进城中，有4次攻城未克而退走。而当时交战的主战场就在发现窖藏这一带，因此，这部分专家认为佛像是在宋金交战中被毁的。

　　然而，青州佛像是否毁于金人南侵至今仍是一个值得争议的问题，另一些专家又从不同角度对这个猜测提出了质疑。

碑铭泄密，真相大白

　　如果这些佛像的掩埋既不是源于历史上的数次毁佛运动，又不是因为金人南侵，那会是什么原因让它们在泥土的隐埋中沉睡了这么漫长的

[在龙兴寺出土的石碑]

时间呢？这时，考古学家的目光被青州附近出土的一块石碑深深地吸引住了，因为碑铭为人们揭开青州佛像之谜提供了重要的线索。

专家们通过这个线索得知，在北宋年间，青州地区的寺院盛行着一种隆重的法会，寺院的僧人将早年在各种灭法活动中损坏的佛像或者经年累月破旧的佛像集中起来，然后举行隆重的仪式，将它们埋葬起来，以积累功德。这足以说明为什么在人们发现的窖藏中，以曾经发生过灭法运动的南北朝时期佛像居多，而隋唐到北宋的佛像却十分少见了。

石窟禅影

　　克孜尔石窟在库车地区为数众多的佛教石窟中，规模最大，保存也相对完好。画家韩乐然发现：现存的石窟壁画，在风格和技法上存在着明显的不同。

1947年4月19日，一群年轻的美术工作者来到新疆库车克孜尔石窟所在的山谷。为首的画家名叫韩乐然，这是他第二次来到这里，此行的目的是进一步考察克孜尔石窟的佛教壁画。

> **克孜尔石窟**：位于新疆拜城县克孜尔镇明屋塔格山上的中国佛教石窟，是龟兹石窟艺术的发祥地之一。它是我国开凿最早、地理位置最西的大型石窟群。大约开凿于公元3世纪，公元8至9世纪逐渐停建，延续时间长达700年。克孜尔石窟洞窟形制有僧房和佛殿两种。

以库车为中心的古代龟兹国曾经盛行佛教，唐代僧人玄奘在《大唐西域记》里详细记载了当年龟兹佛教的兴盛。然而，令人不解的是，他却丝毫没有提及遍布龟兹的佛教石窟。直到清代，克孜尔石窟才偶尔出现在一些文人游记之中。这些石窟是什么时候兴建的，又是如何被荒废的呢？

[韩乐然画像]

犍陀罗风格

在接下来的两个月里，韩乐然对克孜尔石窟的壁画进行了记录、拍照、编号和临摹。

韩乐然发现，现存的石窟壁画，在风格和技法上存在明显的不同。很显然，这是不同历史时期留下的印记。

无独有偶，30年前早于韩乐然来到克孜尔的德国探险家勒柯克和格伦威德尔等人也注意到了这一问题。

1906 年，德国人发现克孜尔石窟里尚存的塑像，带有明显的希腊风格。这些塑像造型细腻生动，衣服的线条优美流畅，希腊的艺术风格为何屡屡出现在远离欧洲的中国新疆地区的壁画上呢？

公元前 4 世纪中期，希

[当年德国探险家拍摄的克孜尔石窟照片]

腊马其顿国王亚历山大远征亚洲，取得了辉煌的军事胜利。亚历山大死后，他的部下在今天的阿富汗与印度相邻的犍陀罗地区建立了一个希腊化的王国。

犍陀罗： 犍陀罗国的领域经常变迁，公元前4世纪时，其都城在布色羯逻伐底，公元1世纪时，版图扩张至喀布尔河一带。公元前3世纪到公元5世纪，佛教盛行，阿育王曾派遣布教师到此布教。犍陀罗艺术兼有古希腊和印度的风格。佉卢文是仅用于犍陀罗地区的地方性文字。犍陀罗雕刻艺术影响深远，我国的云冈石窟就带有犍陀罗刚硬的风格。

当时的希腊人信仰天神宙斯和奥林匹亚山上的众神，他们创作了大量精美的雕像和绘画作品，生动地刻画出心目中众神的形象。

当时，早期的佛教也在犍陀罗地区广泛流传。但与希腊人不同，当时的佛教徒并没有塑造出佛的具体形象。相传佛祖释迦牟尼在菩提树下悟道成佛，早期的佛教徒所崇拜的对象，仅仅是菩提树一类与佛祖有关

[从形象到服饰都受到希腊神像影响的早期佛像]

的物体。

随着时间的推移，希腊人偶像崇拜的习俗慢慢影响了早期的佛教徒。

有一尊用片岩雕塑的早期佛像，它的年代为公元2世纪左右。佛像的发髻像希腊神像那样波浪般地卷曲着，袈裟的纹路起伏也非常接近于希腊人的披袍式样，佛像眼睛微闭，鼻梁高耸，表情庄严肃穆。

显然，这些早期佛像借鉴了希腊神话中的众神形象，它们是印度佛教和希腊艺术逐渐融合的产物，这种早期佛教艺术风格最早在犍陀罗地区出现，因此被称为犍陀罗佛教艺术。

在早期的克孜尔石窟壁画中，犍陀罗风格的影响非常直接，例如在克孜尔石窟顶的天相图中，太阳神穿着轻盈的长衫，架着马拉车，这种形象的来源完全出自古希腊神话中太阳神阿波罗的形象。

第118窟壁画的色彩偏向褐色，画中的佛像拥有通额的鼻梁，眼窝深

[克孜尔石窟壁画天相图中的太阳神]

陷，面部五官布局疏朗，人物造型丰满，画家运用凹凸技法表现出立体感，所有这些都体现出典型的犍陀罗风格。

第92窟中的壁画同样深受犍陀罗风格的影响，壁画中的佛像面部较长，鼻梁高挺，嘴唇上留有小胡子，头发卷曲垂肩。衣服线条曲折优美，与希腊人的披袍十分接近。人物的四肢比较粗壮，尤其是脚部显得十分肥大。

德国人把这种受犍陀罗风格影响的画法称为"第一种画风"。

在德国人看来，随着时间的流逝，克孜尔的绘画和雕塑风格在不断发生着变化，具有龟兹当地特征的第二种画风逐渐出现了。

龟兹风格

壁画中的人物，面部五官开始显得紧凑而集中，额头像当时的龟兹人那样向后变得扁平。龟兹画家热衷于用夸张的手法来表现四肢的细节，例如人物的双手，手指的第一节显得肥厚粗壮，然后向指尖逐渐变细，人体和四肢也变得修长匀称。壁画色彩以蓝色和红色较为常见，尤其是壁画的底色，一般都采用蓝色、红色和绿色这些比较醒目的色彩。而以明亮的肉色，用晕染法来描绘人物，立体感十分厚重。人们将这种画法称为龟兹风格，也就是德国人认为的第二种风格。

长久以来，龟兹古国是什么人在什么时候建立的？这个谜一直没有人知道答案。今天，除了一些晦涩难解的文字残片，最重要的线索恐怕就是曾经遍布的佛教石窟了。

在昏暗的洞窟里，借助手中的灯光，勒柯克和格伦威德尔第一次看清了这些壁画。他们既兴奋又震惊，如果能够知晓这些石窟的来龙去脉，也许就能破解龟兹古老而神秘的历史。德国人觉得他们找到了一把破译的钥匙——壁画。

根据对克孜尔石窟壁画的研究，德国学者认为，第一种画风受犍陀

[具有龟兹风格的壁画]

罗风格的影响，出现的年代应该较早，第二种画风明显带有龟兹本地的风格，是由第一种画风发展演变而来的。因此，受犍陀罗风格影响的早晚，决定了壁画所在石窟建造的先后。由此，德国人认为，克孜尔石窟的开凿和作画时代开始于公元 5 至 6 世纪。

韩乐然并不同意德国人的观点，通过对壁画风格的研究，他认为克孜尔最早的开凿和作画时间可以上推到公元前后。两者之间几乎相差 500 年。

这个新的发现鼓舞着韩乐然，他决定回兰州暂时休整，为进一步考察作更充分的准备。

6 天之后，韩乐然带着大量的研究资料离开了克孜尔。然而谁也没有想到，这竟是他与克孜尔的诀别——1947 年 7 月 30 日，韩乐然乘坐的飞机在甘肃嘉峪关失事，风华正茂的画家和珍贵的研究资料都毁于这场突然降临的灾难中。

荒凉的明屋达格山谷又恢复了往日的宁静，克孜尔石窟修建年代的秘密依然深藏在呼啸的山风和寂寞的落日之中。

时间到了 1979 年 9 月，这片寂寞的山谷再次迎来一群学者，他们会有新的发现吗？

龟兹式石窟

在北京大学历史系教授宿白的带领下，北大石窟考古实习组的研究生们对克孜尔石窟进行了全面的考察研究。

他们在这里工作了整整两个月，当年困惑过韩乐然的问题同样困惑着他们：克孜尔石窟究竟是什么时候开始修建的呢？

要回答这个问题，仅以壁画和石像的风格作为依据太过于简单。他们要用考古学的方法，掌握全面的材料。

考古学研究的重点并不局限于壁画，残破的石窟建筑引起学者们极大的兴趣。

专家们第一步的工作是绘制全部洞窟的平面图。

克孜尔石窟分为 4 个区，他们把 200 多个洞窟都绘制了平面图，结果发现洞窟的种类很多。

克孜尔石窟有编号的洞窟共 269 个，分布为谷西、谷东、谷内和后山 4 个区域，其中有 1/3 的洞窟保存有壁画。

在这些洞窟中，最引人瞩目的是供教徒礼拜的中心柱式石窟，石窟主室中央有一根巨大的柱子，正面的佛龛通常供奉有佛祖释迦牟尼的塑像。佛龛两侧各是甬道，甬道通向光线昏暗的后室，后室展现给人们的就是佛祖涅槃的卧像或画像。

涅槃：指清凉寂静，恼烦不现，众苦永寂。具有不生不灭、不垢不净、不增不减，远离一异、生灭、常断、俱不俱等的中道体性意义，也就是成佛。佛教认为，轮回是一个必然过程，人死去以后，经过一些过程才进入另一个刚刚出生的生命体内，只有到达涅槃的境界方可摆脱轮回。

像这样的中心柱石窟几乎只在古代龟兹地区出现，因此这类石窟也被称为龟兹式石窟。

在克孜尔众多的中心柱式石窟中，最壮观的要数大佛像窟，这一类石窟共有 7 座。在主室中心柱的位置上，都有一尊巨大的站立佛像。根据第 47 窟的遗存判断，这里曾经立有一尊高达 16 米的佛祖站像。佛像

[中心柱石窟]

[大佛像窟]

被固定在主室中央巨大的中心柱上，中心柱的后面是同样巨大的后室，
在宽大的涅槃台上塑有佛祖涅槃的卧像。今天，这些宏伟的佛像早已不
复存在，只留下当年用于固定大佛像的柱子留下的一个个空洞（专家们

称这些空洞为柱洞），任凭人们去想象当年的盛况。

第 3 窟是一个方形的石窟，主室中间没有中心柱，取而代之的是小型的佛坛，这种类型的石窟被形象地称为方形窟。方形窟通常被用作高僧讲经弘法的场所，在克孜尔已经发现 90 座。

除中心柱窟和方形窟，其余的石窟并没有壁画，类似的石窟在克孜尔的数量最多，那么，没有壁画的这类石窟又是用来做什么的呢？

僧房窟就是僧人居住的房子，它是没有壁画的。

经验丰富的宿白教授发现，在一些石窟的外立面上，有一些排列整齐的柱洞和凿痕，尤其是第 38、39、40 窟最为明显。

这些奇怪的柱洞是用来做什么的呢？

专家介绍说： 搁在平面上看，它们是 3 个洞窟，但实际上是一个组合。第 38 窟是中心柱窟，第 39 窟是方形窟，第 40 窟是僧房窟，这 3 个窟并不一样，怎么知道它们是一个组合呢？在这些窟的外立面搭成一个大的木头排子，这个木头排要有短梁来支撑，现在木排已经不存在了，但从它上面留下的这些安装短梁的柱洞，就知道是一个组合了。

[宿白教授接受采访]

经过实地观察，北京大学的学者们还发现了一些古代楼梯的遗迹，这些楼梯是当年居住在这里的僧人为方便上下石窟而修建的。以第 96 窟至 105 窟为例，楼梯从第 96 窟上去，穿过甬道，又从第 105 窟下来，这种情况暗示着这一排石窟很可能就是一个组合。他们在克孜尔发现 7 组较为完整的组合石窟。

那么，这些组合石窟的用途又是什么呢？

[组合石窟]

专家介绍说：这个组合石窟实际上就是一个寺院，或者说是一个寺院的一部分。据文献记载，当时龟兹的僧人要经常换寺院，他不是常在一个寺庙里待着的。

组合石窟寺院为人们提供了一个新的思路，通过这些组合石窟，也许就能解开克孜尔石窟修建时间的谜团。

谜团初解

克孜尔石窟果真是像德国学者认为的那样，始建于公元 5 至 6 世纪吗？

宿白教授很快就发现了疑点：在克孜尔众多的石窟中，7 座大佛像窟显得与众不同。首先在建筑式样上，早期的大佛像窟大多有高大宽敞的后室。但到了晚期，大佛像窟的后室变得越来越简单。这让宿白教授想起了阿富汗的巴米扬大佛。

作为举世闻名的佛教名胜，巴米扬大佛的修建年代大约在公元 6 世纪左

[阿富汗巴米扬大佛]

右。克孜尔大佛像窟晚期的后室建筑式样与巴米扬大佛十分相近，由此可以推测，早期的克孜尔大佛像窟的修建年代应该远远早于公元 6 世纪。

巴米扬大佛：世界第三高的大佛（第一大佛为四川乐山大佛，佛像高71米；第二大佛为山西蒙山大佛，佛像高63米），始建于公元3至5世纪，距今已有1500多年。中国佛教僧人玄奘曾经到过巴米扬，并在《大唐西域记》中有所描述。2001年3月12日，大佛被塔利班政权炸毁。

经进一步研究发现，克孜尔有些石窟是经过改造的。

专家介绍说：第 172 窟是一个中心柱式窟，它是由一个僧房窟改建而成的。从克孜尔石窟已经发现的改建痕迹来看，往往是把僧房窟改造为中心柱窟，根据这种改建规律可以推测，拥有较多僧房窟的石窟组合寺院修建的年代较早。

随着研究的深入，学者们又发现一些石窟的壁画存在重叠的现象。如第 47 窟甬道上绘有精美的千佛，在这里人们发现了被覆盖在千佛壁画下面的壁画，下面的壁画带有明显的犍陀罗艺术风格。覆盖它的壁画是土红色的坐佛，显然，画有千佛壁画的石窟年代较晚，而带有犍陀罗风格壁画石窟的年代较早。

经过综合对比研究，克孜尔石窟的历史脉络变得逐渐清晰了。

但是，仅凭这些仍然不能最终判定石窟最早修建的年代，答案的揭晓还要借助于碳 14 测定。

根据碳 14 测定的结果，学者们发现最早的洞窟年代为公元 265 年，数值的误差为正负 90 年。这个结果和德国人的观点大相径庭，而且在两

[现代科学手段逐步揭开了隐藏在这些壁画后面的秘密]

种画风出现时间早晚的顺序上也出现了不符。

克孜尔第 8 窟是一座保存相对较好的中心柱式石窟，这里的壁画属于典型的龟兹风格，碳 14 测定的结果显示它的建造年代为公元 6 世纪左右。

离第 8 窟不远的第 38 窟同样是一座中心柱窟，壁画保存情况同样较好。它的艺术风格应该也属于第二种龟兹画风。但经碳 14 的测定结果却显示，它的建造年代是公元 4 世纪左右。尽管画风相同，但碳 14 测定的结果却截然不同。在 200 多年的时间里，怎么可能出现如此接近的艺术风格呢？

这样一来，第 38 窟的修建年代在一些学者眼中就成为了疑问。

[坐落在寂静山谷中的克孜尔石窟群]

不过，今天的人们大多接受了宿白教授的观点，认为克孜尔最早的石窟始建于公元 4 世纪左右。

但争论并没有停止，克孜尔石窟的修建年代仍然是一个尚未完全解开的疑团。

为修建这些壮观精美的石窟，当年的人们不知花费了怎样巨大的代价和心血。支撑他们的一定是强烈的佛教信念，而令他们如此虔诚的佛教，又是如何来到这片绿洲的呢？

沉默的石窟

　　浙江省中西部的龙游县发现了一座地下石窟群——龙游石窟群，建在地下洞穴里，这是目前发现的世界上最大的人工地下建筑群。这座石窟群是什么人建的？干什么用的呢？

　　浙江省龙游县发现的这座地下石窟群是由一凿一斧人工开石而成的古代石制建筑，在石窟墙壁、顶面、柱子上全凿刻着纹理匀称、排布工整的花纹。石刻花纹规则有序，该平则平，该弧则弧，犹如出自一人之手，又似机械加工一般，具有极强的装饰美化的作用。在石窟西侧有一个预留的坡道，这个坡道是通向洞口的唯一通道，坡道自石窟洞口向下，陡坡约按36度向下伸展，直至洞底，斜而甚陡。在一号石窟北面石壁上方还有一组岩画，内容为马、鸟、鱼，成不规则排列。

龙游县： 位于浙江省西部，金衢盆地中部，是浙江省历史上最早建县的13个县之一，是浙江东、中部地区连接江西、安徽和福建三省的重要交通枢纽，一直以来就有"四省通衢汇龙游"之称。龙游县土地资源充沛，享有"中国竹子之乡"的美誉。

　　古人为我们留下了伟大的工程，同时也给我们留下了无数谜团。十余年来，各种疑问和猜测从未间断。石窟中的陡坡，花纹是干什么用的？巨大的石窟要用多少人工，要用多长时间才能建成？采石、穴居、仓库、陵墓，石窟用途为何？21世纪，石窟仍然保持着被发掘前的沉默，有关它的详细记载全部沉没在历史长河之中。

石窟惊现龙游

　　那是在1992年6月12日，中国浙江的一个普通村民吴阿奶在探宝时无意中揭开了一个埋藏了很久的秘密。

　　龙游石窟的秘密为什么到今天才揭开呢？因为龙游县位于浙江省中西部，地处金衢盆地。从空中俯视，一条衢江环绕而过龙游县，视

[龙游石窟]

沉默的石窟

[龙游石窟]

野开阔，颇有神往飘逸的感觉。龙游县东西宽约 29 千米，南北长约 61
千米，面积 1138 平方千米，人口约 39 万。与龙游县城隔水相望，有一
座凤凰山。凤凰山只是个山丘，海拔 69 米。背山面水，安逸宁静。到
20 世纪 50 年代前，凤凰山一直无人居住，保持着宁静和神秘。在凤凰
山上还有许多不为人知的水潭也一直在静静地沉睡。

　　20 世纪 50 年代，一场特大的洪水，袭击了山下的村庄，村民们被
迫移居山上，这才有了凤凰山上这个叫做石岩背的村庄。40 多年来，村
里人过着宁静的日子。山上原有的水潭，成为村民们唯一的生活水源。

　　这些方形水潭大小相仿。水潭水质很好，取之不尽，用之不竭。几
十年来，村民们在水潭边洗衣做饭，然而他们没想到就在他们脚下隐藏
着巨大的秘密。有好奇者曾经试探过水潭深浅，由于个个深不可测，好
奇者也就停止了对水潭的探索，就这样龙游石窟的秘密一直保留到 1992

【龙游石窟内】

年 6 月。而这些水潭便被村民们称为"无底潭"。此后因传说有一块玉石
掉入无底潭才让石岩背村的吴阿奶等人下决心抽干潭中之水。

吴阿奶组织了另外 3 人于 1992 年的 6 月 9 日正式开始抽水，一直
抽了 4 天 4 夜，水位降下去 1/3 左右，下面的洞面积越来越大，露出了
4 根石柱。沉睡多年，龙游石窟被惊醒了，容颜初现，让发现者既惊又怕。

吴阿奶回忆说："我们 3 个人一看，发现下面的面积越来越大，3 个
人好像有一点怕，怕什么呢，有一点怕抽不干，面积相当大，抽不干我

们资金就白投了，后来经过 3 个人协商，下决心再抽，后来 4 台机器抽了 17 个昼夜，结果把它抽干了。"

就在这些农民的坚持之下，水落洞出了，一个神秘的世界展现在世人面前。村民惊呆了，怎么也不敢相信，他们发现了一个宏大的古代人工石窟。因地处龙游，该石窟被称为"龙游石窟"。

消息极快地飞向四方。龙游石窟的发现引起了世人的关注，人潮从四面八方涌来。疑问也随之迭起。

未解之谜重重

围绕这一震惊世界的发现，人们提出了种种疑问，重重猜测。疑问此起彼伏，猜测难有定论。

未解疑问之一：建造龙游石窟需要动用多少人力、花费多少时间？

龙游石窟是目前发现的全世界最大的人工地下建筑群，其单体面积达到 1200 平方米，数量之多仅凤凰山就发现 20 余座。龙游石窟群均是建造在小小洞口下面的地下洞穴。5 个石窟中，2 个大的，面积一共约 4000 余平方米。3 个小的，面积一共近 2000 平方米，石窟高 30 米。5 窟需开挖废石 18 万立方米。推测凤凰山已经发现

[长城]

[兵马俑]

的石窟24座，共需开挖86万立方米。建造龙游石窟需要动用多少人力，需要多少时间，在龙游石窟没有找到有关记载。

可我们知道，其他巨大工程的用人费时情况，比如长城——地上建筑，是用砖土夯堆而成的，修建长城的时间堪称是"上下两千年"。修筑长城动用的劳动力数量也十分可观，据历史文献记载，秦代修长城除动用30万至50万军队外，还征用民夫四五十万人，多时达到150万人。北齐为修长城一次征发民夫180万人。而以明代修筑的长城估算，需用砖石5000万立方米，土方1.5亿立方米。

又如秦始皇兵马俑，我国古代大型地下建筑。这个被誉为"世界第八奇迹"的秦陵兵马俑，至今尚未统计出关于它的用工时间和用人数量。

龙游石窟人工地下建筑群，石窟数量达到30以上，如此规模的地下建筑，仅次于我国古代大型地下建筑秦始皇兵马俑。

兵马俑位于中国陕西省西安市临潼县东5千米的下河村，是地下夯土建筑结构，第一号兵马俑坑东西长230米，南北宽62米，深近5米，总面积14260平方米。二号坑面积6000平方米，三号坑面积约520平方米。

而同样由一凿一斧人工开石而成的古代石制建筑古埃及吉萨的10座金字塔，耸立在尼罗河两岸的沙漠之上。金字塔如此高大，使人们很容易相信它们是神或巨人所建造的古代传说。3座最大、保存最好的金字塔是由胡夫、海夫拉和门卡乌拉3位法老在4000年前建造的。

胡夫金字塔：古埃及法老（即国王）胡夫的陵墓，位于埃及境内的金字塔群中，塔高146.5米，因年久风化，顶端剥落10米，现高136.5米。塔身用230万块石料堆砌而成，塔的总重量约为684万吨，它的规模是埃及迄今发现的108座金字塔中最大的。被喻为"世界古代七大奇迹"之一。

沉默的石窟

在这 3 座大金字塔中最大的是胡夫金字塔。它是一座几乎实心的巨石体，用 200 多万块巨石砌成。关于它的建造所需要的时间至今仍是未解之谜，普遍认同的说法是，建成一座金字塔的工程可能要花费 30 多年的时间。

可我们仍无法推测建造龙游石窟需要动用多少人力，多少时间。龙游石窟群均是建造在小小洞口下面的地下洞穴中。5 个石窟中，2 个大的，面积一共约 4000 余平方米。3 个小的，面积一共近 2000 平方米，石窟高 30 米。5 个石窟需开挖废石 18 万立方米。凤凰山已经发现石窟 24 座，面积是 5 个石窟的 4.8 倍，推测总共须开挖 86 万立方米。据专家推测，矩形入口按 4 米×5 米计，可容 3 至 4 个挖凿面，挖深几米后可再增加。出口只一处，初搬时距离近 10 米以下距离加长加陡，劳动强度增大，劳动力也同比增加。几千精壮劳力轮换施工，一锤锤、一凿凿挖下 86 万立方米石块，又一筐筐、一担担日日夜夜从窟底搬抬，绝非几年时间。尤其是开在石窟顶部的狭小洞口使人员进出和物品搬运极为困难，加大了施工难度。也使工程量的推算难上加难。

[坡道阶差]

未解疑问之二：预留坡道的用途是什么？

在石窟西侧有一个预留的坡道，高大的阶差使人望而却步。它是干什么用的？是供人行走？

[金字塔阶差]

还是运送石料？ 10 几万立方米的石料是从这个坡道上运出的么？

细看坡道自石窟洞口向下，陡坡约按 36 度向下伸展，直至洞底，斜面甚陡。坡道呈凹曲状陡坡平、斜相间。这个坡道是通向洞口的唯一通道。说到半米高的坡道台阶，竟与金字塔石块的高度十分相似。

金字塔由大约 60 厘米高的石块堆砌而成，当人们攀登金字塔时需要吃力地抬高腿脚。同为古代石制建筑为什么出现同样的阶差尺寸，不知

[一号洞窟]

[二号洞窟]

[三号洞窟]

[四号洞窟]

[五号洞窟]

[龙游石窟平面布局图]

是一种巧合还是一种必然。

我们知道，北京猿人距今有 2000 多年的历史，是公认的古代人类。依据复原的北京猿人模型测量，古人类的身体情况同现代人一样，下肢约 50 厘米高度。可龙游石窟的坡道是干什么用的？为什么不做成 20 厘米的正常台阶？

龙游石窟的地下材料，长 60 厘米，宽 40 厘米，高 20 厘米，重量是 60 千克。龙游石窟的坡道是运送石料的么？现代的工人曾选择了陡坡中最缓的部分，尝试着在坡道上搬运石块，仍然十分吃力。然而无论是采石场的石料，还是通过龙游石窟开采痕迹中推测的石块

[石窟壁上凿痕]

[实验时的凿痕]

尺寸，都要比这实验石块大几倍。坡道真是搬运石料的吗？相关疑问还来自四号洞的一块石料。这是古人遗留下的并不完整的石料，重 240 千克。无法想象怎样从坡道上将它运出。更大的疑问在坡道的最上端，陡坡最上层的台阶像个大平台，距洞口高达 4 米，在这里根本无法行走或搬运石料了。龙游石窟的坡道是做什么用的呢？

在尚未搞明古人为何建造高阶差坡道的原因时，在五号洞又发现了古人在坡道上铺垫石块形成的台阶，为什么不一次造成，坡道究竟是做什么用的？难道古人的设计有所失误？这疑问使研究人员百思不得其解，

[龙游石窟内蕴涵着神秘的气息]

只好留待来日，以期有新的发现能解开这个谜底。

　　未解疑问之三：石窟是随意开凿还是事前的总体规划呢？

　　考察龙游石窟已经开发的 5 个洞窟，从平面图发现，石窟各洞，行制相近似，相距较近。一号洞窟和二号洞窟只一墙之隔。这个墙后面是另一个洞，古人只开凿到这里，就停住了。从龙游石窟立面布局可以看出龙游石窟洞与洞上下相隔很近。龙游石窟确有总体规划吗？通过实地考察，清除了六号洞窟下的淤泥，发现六号洞窟和二号洞窟，上下间隔，其距离仅为 50 厘米。就此估计龙游石窟是经过了认真的总体规划，有统一的指挥，统一的组织，并且是在一个连续的时期内完成的工程。否则不可避免的会出现打破现存格局，破坏相对独立的情况。

　　针对龙游石窟的这个现象，相关专家发表了见解。

　　杨鸿勋，原从事建筑历史与理论研究工作，在梁思成先生研究室做其助手，后来任研究所所长，此后进入中国科学院考古研究所，并创立"建筑考古学"学科。自 1992 年龙游石窟被发现后，杨鸿勋一直未间断对龙游石窟的研究。

沉默的石窟

杨鸿勋认为：各个石窟在下面互相看不到，是平行的，方向一致，距离很近。石窟间的墙壁都很平行，所以它施工的测量仪器很先进，非常准确，开凿技术很高明。施工组织开凿这么大的石窟必须事先有设计、有想法，由此可以看出龙游石窟不是随便开凿的。

孙均，1949 年毕业于上海国立交通大学土木工程系，后从事隧道与地下工程研究和教学，1962 年参与创建了"地下结构工程力学"学科。

孙均认为：石窟之间靠得非常近，却没有打通过、连通过。依照龙游石窟的地下结构，从岩石力学来看，石窟的上部基本上是圆的拱顶，所以它要靠底下的岩柱、岩壁来承受，这个实际上是一个沉重的结构，否则它要塌下来。顶上面是圆的，底下间隔虽然薄了，但是它是不通的。这个等于大家没想打通。

对龙游石窟石柱的研究，进一步印证了龙游石窟存在事前规划的可能。石窟中粗大的石柱是用预留的方法开凿而成，这些石柱与石窟保持着完整统一，看它的底部与岩体和谐有机地联成一体。而就是这些预留的柱子，在石窟中的排列非常规则，或沿直线等分，或在平面中均匀分布。这就说明在预留第一根柱子的时候就已经确定了整个石窟的长度。从石柱建造上还可以看到，石柱非圆非

[龙游石窟入口]

方，以弧形过渡，形成"鱼尾"状。

石柱尖端指向洞的深处，与石窟顶倾斜方向一致，关于古人有意制造并修饰石柱的情况，在一号石窟找到的证实。一号石窟中有一个未完工的柱子，上半部是鱼尾形，下半部为不规则长方形，上部鱼尾形的方向指向洞的延伸方向。而石柱中间遗留下的未完工程迹象。

未解疑问之四：古人所用的工具是怎样的？

我们找到了佐证古人曾有事前规划的事实，但是有了规划古人用什么测量和定位工具来实施这些规划呢？如果他们尚未掌握这样的工具，规划就毫无意义了。

距今遥远的古代，人们使用什么样的测量工具？他们怎样实现相关规划呢？他们怎样完成即使是现在也十分复杂的垂直定位和地下定位

[北京延庆古崖居：岩壁上石室密集，共有大小石穴130多个，多为人工开凿]

古崖居

呢？找不到开凿龙游石窟使用工具的记载，只好对石窟测量并对石窟的定位进行分析。

应用现代的测量工具和手段对石窟洞内墙尺寸进行测量，发现龙游石窟型制规整，整体建筑误差极小，从石窟的型制上看，基本上实现了原有规划而设计此外对石窟的地下布局进行重新测量发现，石窟地下定位十分精确。几个洞窟相隔的墙壁都很薄，这些墙壁成等厚，平行延展几十米，最近处不足 1 米。如果有一点失误都会打穿。这当中最为突出的是，一号洞窟与二号洞窟的隔墙，厚度仅 50 厘米。使得凤凰山 24 个石窟，左右相邻而不通，上下相依而不连的，难道是那些最原始的工具？罗盘，将中国四大发明之一的指南针加以发展，是中国古代普遍使用的线坠简朴而准确的垂直定位工具。

众多专家无不坚信古人使用了测量技术，但很难想象出当时可能使用了什么测绘工具，为此困惑不解。

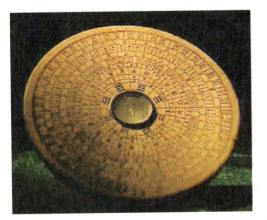

[罗盘]

[线坠]

    罗哲文认为：当初开凿这个工程时，当然不像现在用很精美的仪器、很精美的测绘，但是从它开凿的经验上来说，它还是有考虑的，例如它高 20 米左右，宽 20 米左右，如果不小心顶部会塌下来。所以它要根据需要，在一些关键的位置留下这个石柱。至于他当时怎么计算现在还不知道。

    孙均则认为：那时候肯定没有测量的仪器，没有经纬仪，也没有水平仪，更没有现在 GPS 这套东西。石窟的定位是个谜。当然石窟的墙壁比较薄，并且相当平，不打穿，还要保持一定的间隔，特别是地下施工，地面是看得见的，地下看不见，怎么放线、用什么测量工具都是个谜。从运输困难、光线的困难考虑，石窟的开凿不是一年两年的事情，说不定就是一二十年。

    未解疑问之五：花纹和图形的意义是什么？

    看来古人对龙游石窟如此精心建造，再观看布满石窟的凿刻花纹时，不禁对古人凿刻花纹的目的产生了疑问。龙游石窟的石刻花纹是什么凿痕？是出于开凿的结果，还是有意于装饰呢？如果是装饰这些线条有什么意义呢？

    龙游石窟墙壁、顶面、柱子上全凿刻着纹理匀称、排布工整的花纹。石刻花纹为弧形石纹和水平石纹两种，每组间隔越 60 厘米左右。石刻花纹规则有序，该平则平，该弧则弧。犹如出自一人之手，又似机械加工一般，具有极强的装饰美化的作用。

    有经验的采石工介绍，弧形石纹可能来自开凿，而水平石纹则是开凿中不常见的，尤其是这样多。究竟弧形石纹是不是凿痕？水平石纹又是怎样来的？当地的两个石匠用完整的工序在地上开采了一块石料，以验证会产生何种凿痕，借此彻底分析这些龙游石窟凿刻花纹的产生原因。他们选择了一个同龙游石窟石质相同的岩体，清理好工作面后，开凿工作才正式开始。

沉默的石窟

采取的是十分普遍的开凿方法，首先用铁钎采取一种斜凿的方式，从两侧把岩石和岩体剥离，显然龙游石窟的弧形凿痕就是在这样一锤一锤中产生了。当岩石与岩体完全分离后，再用铁钎从正面凿出几个小孔，最后使用粗大的凿子从正面击打震动，此时岩石裂缝会沿着水平方向延伸，直致刚刚的开凿处，到此岩石彻底与岩体分离。从这个采石的全过程可以看出，这些痕迹确实同石窟中的凿痕十分接近，只是没有横线。

从博物馆几件出土文物中我们有了新的发现，一件青铜器上面有与龙游石窟凿痕类似的装饰图案，也许正是古人将这些十分欣赏的装饰图案沿用到石窟中石窟洞顶花纹呼应石窟主体，回转处随石窟走向，如河弯中的流水，由近及远，涓涓流淌。笔直处贯穿石窟东西，和谐舒畅。龙游石窟的石柱上也布满了由弧线和横线交织而成的装饰花纹。沿石柱向上看去可以发现石柱与洞顶衔接之处的工艺十分细致，石柱与洞顶的花纹相接十分和谐，洞顶的横线流畅地连接到石柱上面。另一处的柱顶出现了罗马柱一般花纹，这种"弧形过渡"的斜托，既增添石窟的整体美感，也有利于石窟顶部围岩的稳定。石窟从不同的工作面同时开采完成的。这里出现了高差是因为古人放弃原有工作面的基准，以便下一个工作面与石窟整体相一致。这里古人通过精确地控制和细致的修饰，使两个工作面的连接几乎无法看出。

谈及龙游石窟的装饰，在一号石窟北面石壁上方还有一组岩画，内容为马、鸟、鱼，成不规则排列。中国的岩画十分丰富，岩画的创作可追溯到 6000 年至 3 万年，这为我们推测这幅岩画的创作年代及石窟建造年代提供了更大的时空背景。

[岩画内容]

曹定云，北京大学考古专业毕业，一直从事甲骨文研究，其参与发掘"小特蓝地"甲骨文项目被评为新中国成立后十大发现之一，现在从事安阳殷墟甲骨文的考古研究。

不久前曹定云发现石窟岩画中的"月"字，并就此有了新的发现。他确定石窟岩画中有个月亮，这就为这个图打开了一个缺口。与月亮相对应的西边是一只金鸟。金鸟实际上就是古代的巫，代表太阳。太阳下面是鱼，在太阳和月亮的上方肯定就是天马，因为它在太阳和月亮的上方来回奔跑。所以这个图被他定名为"天马行空图"。天马行空是西汉以后才有的，西汉以前不会有天马。因为汉武帝在抗击匈奴的时候从西域引进来一种非常好的大宛良马，在战胜匈奴的过程中起了很关键的作用。所以后来他们就把大宛良马定为天马。从汉代以后，在我国民间，这个天马就非常受到崇拜。

大宛：古代中亚国名，位于帕米尔高原西麓，锡尔河上、中游。汉代时，泛指在中亚费尔干区域居住大宛附近各国图的国家和居民。据载，大宛国大概在今乌兹别克斯坦费尔干纳盆地。

龙游石窟的石刻花纹是出于开凿的结果？还是有意于装饰呢？初步推测龙游石窟的石刻花纹是在开凿痕迹的基础上加以修饰以达到装饰的目的。而这些线条组成的图形就是当时古人所喜爱的图形。

未解疑问之六： 开凿石窟的古人是怎样照明的？

身处龙游石窟宏大的洞室中，不禁要问，古人是如何获得照明的呢？没有照明怎样看装饰，又怎样施工呢？

如果当时石窟没有充足的采光，这样巨大而细致的工作是如何完成的？同样如果没有充足的采光，这宏大规模的修饰又有何用途？古代没

沉默的石窟

有电灯，照明只能依靠火把，然而在整个石窟也找不到用火的痕迹，就连非常稳定、很少消退的火烧碳黑也毫无踪迹。难道是被水泡掉了吗？

　　贾岗，上海同济大学岩土工程系教授，专门从事地下结构力学和施工组织学的研究。

　　贾岗认为：照明问题是需要研究的问题。因为石窟洞口很小，完全靠自然采光，只能在某一个时段，或者太阳偏到某一种角度它才能受光，而且是越向里面光线越淡。石窟的深度有的是几十米深而且是倾斜下去的，所以肯定要有人工的照明才行。

　　火是古老的照明手段之一。为了照明人们将最新的技术应用在照明上面。龙游自古生长的乌桕树曾为人们提供了蜡烛的原料。为了了解龙游石窟的照明方法，研究人员考察了位于安徽省黄山市屯溪新安江的花山迷

[龙游石窟内的凿痕，石窟顶部及洞壁的凿痕排列规则有序，有平行凿痕、圆弧凿痕，宽度均在0.3米左右]

窟。花山谜窟面积有 1000 余平方米,在洞中的石柱上遗留着当初放置可燃物品作为灯具指引路径的痕迹,显然他们也使用同样的方法获得照明。花山谜窟中发现有古代灯具、底座和燃油盘。

心怀关于龙游石窟照明的疑问,当我们看到阳光从石窟上面的洞口照到洞中时不禁要问,难道为了获得照明,古代人充分考虑了利用自然?仔细品味龙游石窟,它确实有别于其他洞穴,石窟西南隅顶部的洞口使得石窟一天之中始终有阳光从洞口照到洞中,尤其是中午日照最强的时候,太阳向石窟内射进极强的光线。当在黑暗中适应了一段时间后我们发现,即便在石窟较深的地方也可以看清周围。

[花山谜窟中发现的灯具]

[花山谜窟中发现的燃油盘]

[复原后的灯具]

未解疑问之七:龙游石窟的用途是什么?采石场、居所、仓库、屯兵或陵墓还是其他?

龙游石窟的凿痕使人猜测:龙游石窟是不是采石场?多达几十万立方米的石料用在何处?为什么选择地下开采?只有找到证据才能证实猜测。

自古以来,采石场的石料均有明确的用途。在浙江温岭,开采出的石料广泛用于建造房屋。通过查阅《龙游县志》寻找有关采石、用石的记载,发现龙游曾在明代兴建县城,广建城墙,石方量达到 5 万多立方米。然而县城的公路下一段老城墙遗址满目青灰的颜色说明,这里的石料与

沉默的石窟

【官砖字样】

【县城公路下老城墙遗址】

龙游石窟的红砂岩之间毫无关系。那醒目的"官砖"字样，也为这个结论加上了印记。也许因为古今地域有所不同，县志记载的城墙不在龙游，而在衢州。

为此研究人员对衢州城墙进行了调查。

衢州旧城的水亭门，作为文物古迹保存至今。我们在古城墙中发现了零星散落的红砂岩的石料。它来自龙游石窟吗？如果是的话，为什么数量如此稀少了？犹疑之间发现，在衢州老城边上有一个旧城墙纪念处，红红一片的红砂岩似乎成为解锁之匙。然而很快发现这里石料的尺寸和石窟凿痕出入很大。

从衢州经水路返回龙游，一路随江而下。见船只随水漂流，不由对从石窟采石产生了一个新的疑问。龙游和衢州均在凤凰山的上游，如果从龙游石窟开采石料建造城墙，岂不要逆水运送？也许县志中关于兴城建墙的用石记载，非指龙游石窟。这动摇了采石说的理由。龙游石窟真是采石场么？

龙游石窟拥有规整、相似的空间与凿刻统一、和谐的花纹。这些是采石场的特征吗？还有那无始无终的横线，也是采石场的开凿痕迹吗？

　　为了考证这些问题，研究人员选择了同属江浙地域的几个采石场进行考证。

　　浙江温岭，这座有 1500 年古老历史的采石场，因岩性和石质差异，开凿时择优采集，顺势成洞，1300 多个洞窟形式各异，洞穴多为横洞，进出方便。黄山屯溪，花山谜窟有石窟 30 余个，石窟里洞内套洞，洞下有洞，相比空间完全不同。

　　再看花山谜窟洞壁，不同的开凿面，呈现着方向不同的凿痕。但无论哪种方向的凿痕，都没有水平凿痕。

　　那么水平凿痕是怎样产生的呢？考察发现，若仅为获得空间，开凿时横凿点可能低于下凿深度，岩体会向上裂开，并留下了残石。而水平凿痕是清理残石留下的。

　　解释地下开采的理由，来自当地民间传说："地下开采石质较弱，有如刀切豆腐。"地下的石头有多软？这是采石场猜测的依据吗？

　　石匠们介绍：那些刚从岩体中开凿出来的石料，经过风化硬度可以加大，有利于加工成型。

　　为了验证这种说法的准确性，研究人员在现场取了两块石料，并加工成实验要求的正方体。

　　在中国建工学院材料实验所进行了实验，这里有专门从事建筑材料强度实验的专家和设备。结果表明地表风化后的石料稍硬，而风化前的石料稍软。但这不能成为地下开采的理由。因为无论在什么地方开采，新开凿面上的岩体，在两三天内都不会严重风化。

　　贾岗认为：从用途上来讲，现在是说法不一，采石场也是其中之一。但从他个人感觉来说，若是作为采石场用不着精雕细刻。而且采石场侧面开采从运输和人工来讲比从地面挖下去要省力很多。

沉默的石窟

确实，凿痕或地下开采，未能说清石窟的用途。疑问仍需探索。

如果龙游石窟不是采石场？那是做什么用的呢？

在龙游石窟中没有发现任何记载，可供考证的只有宏大的洞穴。这里有没有谜团的答案？龙游石窟是洞口在上的竖向洞穴，这是人类最早的大型空间建筑。那么龙游石窟是古人栖居的洞穴吗？

杨鸿勋依据对龙游石窟长期的研究认为，龙游石窟是在非常的压力下，用非常的措施和巨大的决心建成的。

杨鸿勋认为：笼统可以把龙游石窟归为穴居的系统。穴居遮风避雨，因此就比较暖和一点。穴居最早按照我们有一个科学假说，推断它就是人自己动手创造自己的生存空间，一种居住形式。从不会盖房子到盖房子，开始是选择一个适宜栖居的环境，遮风避雨。找一个自然山洞，这儿淋不着雨，这儿没风，这儿避风，因此就比较暖和一点。龙游历史悠久，曾出土不少古代石器，这证明龙游很早就有人类生活。龙游石窟是不是这些古人栖居的洞穴呢？

孙均认为：龙游石窟可能是一种群居，就是部落与部落彼此之间不连通。龙游拥有背山靠江的地理环境。这与中国公元前 6000 年到公元前 2000 年间大量的新石器聚落遗址的环境完全相同。这些水源可以满足生活和生产用水的需要，同时还是各部落之间交往的通道。

龙游石窟是不是古人栖居的洞穴呢？洞中有没有古人生活过的痕迹？它在哪里？龙游石窟有很多这样的导水槽，它的开凿是为了施工，还是为了生活？古人栖居洞穴会有哪些痕迹？

研究人员前往其他古人栖居洞穴进行了解。

北京延庆的古崖居遗址，这里布满了朝向各异、或圆或方的大小崖

[龙游石窟内的石柱]

居遗址。走进洞内可以看到，这是一个 3 间一套的石室。左侧有马槽，上下之间有观察口，右侧有炕这个石室面南朝阳，可以充分享受一日的阳光，因此石室内十分温暖、干燥。这个石室群还有公众活动的地方，古人生活痕迹十分清晰。

据老人传说，龙游曾有一个石室，室内生活痕迹清晰，只是十分隐秘。经过努力石室找到了，石室原是两层，隔板和横梁已经不见，两侧墙壁上安放横梁的机构还在。

屋顶遗留着为平整屋顶的凿痕。龙游石窟是否是古人栖居的洞穴呢？这里没有古人栖居的迹象，是没有找到？还是根本没有古人栖居？如果龙游石窟不是古人栖居的洞穴？那是做什么用的呢？

原始的建筑首先用于居住，其次用于储藏。龙游石窟是不是古代仓库？龙游有没有这样的社会需求？

沉默的石窟

[古崖居石室群公众活动的地方]

　　钱塘江是浙江最大河流，衢江为钱塘江南源水系。龙游就在衢江的中游。古时，钱塘江下游河面开阔，水量充沛，百吨级船只终年往返杭州与龙游之间。春秋的姑蔑就是今天的龙游，姑蔑曾是水运中心，并有商帮形成。东汉，姑蔑更名太末。

　　劳乃强，《龙游报》副总编辑，曾负责龙游县志的收集和编整工作。

　　劳乃强认为：龙游商帮的最大特点就是做生意不怕远，到处都去，四海为家，所以当时有"遍地龙游"这样一种说法。当然这个龙游商帮的形成，也不是凭空而来，有各种各样的原因，其中一条非常重要的原因就是龙游地处衢江，交通水路方便。尚存的造船作坊印证了当时水运繁荣的景象，6000多人的龙游商帮促进了龙游的造船业。这一切也证实了龙游曾有繁荣水运的历史。

历史的长河淹没了关于龙游石窟记载，就像衢江淹没了江堤上撑杆的纤痕，可以看到的只有曾经拴船的将军柱。龙游石窟是不是仓库呢？

褚良才，浙江大学军事教研部主任，全国高校孙子兵法研究会会长，1992年首批参与对龙游石窟进行研究的专家之一。他提出了龙游石窟是仓库的推测，并逐渐补充完善其论点，近期将推测锁定在军事仓库上。

褚良才介绍说：为获得一手资料，我们组织了调查。根据我们连续一年的观察，我们这个石窟里面的气温和湿度有这样的特点：这里面夏天的温度始终能够恒定在15度左右，到了冬天里面的温度随着室外的温度下降，冷空气下滑进来之后，这里面的气温有所下降，但是也能够保持在6到7度以上。实验看到龙游石窟的相对湿度为86%，温度为13度，它确实适合储藏物资。

他还指出在汉代龙游是一个重要的军事基地。所谓"兵马未动，粮草先行"，所以它必须要有一个供它军事行动的这样一个大的基地，那么这就需要有很多战备物资来囤积在这个水陆交通枢纽。

龙游石窟有一些很独特的特点，例如洞与洞之间不相连，它都是单个呈一个个单元，洞口都是方的。在汉代的时候，著名的经济学家高诱就说过"方口曰窖"，这个方口就是窖的典型的标志。洞口都是方的，垂直打下来，然后下面的空间是按照将近45度这样一个角度开凿下来，这个空间大概高有30米左右，是一个相对独立的洞，又是小洞口。它这里面温度、湿度，包括里面小气候相对稳定，也就是它很适合储藏一些粮食或者其他一些物资设备。

[翠岩春雨图]

"百尺苍崖水气昏，我来避暑动吟魂。千年尽

沉默的石窟

露碧波色，万古犹存斧凿痕。倒跨苍龙探月窟，醉骑老鹤蹑云根。天心水面无穷意，日日乘舟到洞门。"根据宋代诗人张正道一诗的记载，我们找到了翠光岩。"千年尽露碧波色，万古犹存斧凿痕。"这个岩洞在宋代已成万古之谜。

　　一张题为《翠岩春雨》的明代图画描述了当时翠光岩储存物资的情景。然而这个发现并不能为仓库说提供依据，因为这些洞窟全是横穴，与龙游石窟的形式存在着很大的差异。龙游地区有不少以岩命名的洞穴。随着地貌的变化，这些临江的横穴多数淹没在水中。它们和龙游石窟有什么关系呢？龙游石窟也是仓库吗？

　　杨鸿勋不太相信这种推测。原因就是仓库有一个目的性使用要求，造仓库目的是储存货物，越方便越好，以江为主要交通要道的地方，坐船运载非常方便，现在还有不少仓库，地上遗留的洞都在江边上，把龙游石窟作为仓库，运送和储藏货物都不方便。

[龙游石窟5个窟的总面积达到5100平方米]

如果龙游石窟不是仓库，那是干什么用的呢？屯兵？在紧邻衢江的山丘顶部，草树茂盛，人迹罕见。这也正是龙游石窟的洞口所在地。

龙游石窟的洞口一定有特别的目的。难道为了遮人耳目，避免暴露？

杨鸿勋认为：龙游石窟应该是为了满足一个社会需求，绝不是一个普通人，为了个人而开凿的。一直往前推演，东周时期龙游可能是越国的版图。在越国消灭吴国报仇雪恨之前，它是一个古姑蔑小国，这个时期越国有这个修建龙游石窟的可能。国君要十年生聚十年教训，在敌人占领自己的国土情况下，移居到邻国。这在正史上都有记载。龙游是春秋时代的姑蔑，也是东汉时期的姑蔑。据《说文解字》解释，"末"、"蔑"为边境的意思。那时的龙游曾有不少战事发生，越王勾践卧薪尝胆的故事就发生在那个年代。"十年生聚"，即奖励生育、扩充兵源，这是可以在敌人的监视下不动声色地实施的。但"十年教训"即军训，却不可能在敌人的监视下进行。越国借姑蔑之地练兵也在情理之中。龙游石窟跟战备有关，是储存物资的，但绝对不是屯兵。那里不可能屯兵，人在里头受不了，老在那里受不了，既不能练武，憋着也难受，但是它储存物资是可以的。而且开凿石窟并非一朝一夕所为，岂不消耗越国本已弱小的实力？另外春秋铁器尚未成熟，青铜虽硬但脆，怎能开凿这样大的石窟群？

龙游石窟不是屯兵的，那是干什么的呢？陵墓？

研究人员到处寻找信息。在博物馆他们看到许多汉代出土文物，不由联想到汉代流行建造石墓，龙游石窟是不是汉墓呢？很快他们又看到了冥器和汉代官印。这就加深了他们的猜测。

龙游石窟是不是汉墓呢？谁是墓的主人？经查，古代龙游地区确实有姑蔑王、徐偃王等人可能修建陵墓，当中以徐偃王的可能性最大。记载徐偃王庙碑的拓片只有一半碑文，且十分模糊。

研究人员在文物馆的石片中寻找徐偃王庙碑，终于发现半块石碑。

沉默的石窟

碑文记载有：偃王死，民号其山曰徐山，凿石为室，以祠偃王。龙游石窟是不是汉墓呢？

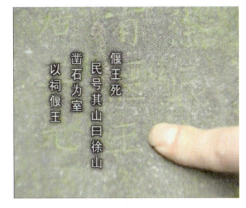

[徐偃王庙碑部分碑文]

汉墓有上天下地的现象，龙游石窟为七星布局。这是为什么呢？

那时没有天象学，这是天象学知识的范畴，但建造洞窟的人能够根据七星的布置设计形状，这个很了不起。天上那么多星，他不是天文学家也不是天象学家，怎么会布置得像七星呢？

龙游石窟是不是汉墓呢？研究人员抽去洞中积水，进一步发掘龙游石窟。同时派人来到汉墓较多的徐州考察，徐州狮子山楚王陵墓，进入走道，可以看到部分物品，这些物品是在残乱的盗墓现场找到的一些遗存文物等。

[汉代陶器]

在龙游石窟，水被抽干后，首先露出的是向下的台阶，而后发现了几件陶片，然而仅凭它们还不能确定龙游石窟就是陵墓。

龙游石窟工整大方，具有

[徐州楚王陵墓内陶器]

王者风韵。这与徐州汉墓相同吗？徐州龟山汉墓是西汉楚国襄王刘注夫妇合葬陵墓，在龟山汉墓研究人员没有更多的收获，只是发现即便是汉代王陵墓建筑的精致程度也远不比龙游石窟。这进一步证实了龙游石窟的建筑确非常人之举。

未了的探秘，期待的谜底

古人为我们留下了伟大的工程，同时也给我们留下了无数谜团。

自龙游石窟发现以来，各种疑问和猜测从未间断。

石窟中的陡坡、花纹有什么用途？建造石窟需要多少人工、多长时间？龙游石窟聚集了众多探索者的目光。

采石、穴居、仓库、陵墓，石窟用途为何？更被众人关注。

对龙游石窟的探索一直在继续。一个神秘的世界，一次惊人的发现，一段不懈的探秘，神秘的石窟将再续新的故事……

探秘佛光寺

　　五台山佛光寺位于山西省五台县佛光新村，因历史悠久，寺内佛教文物珍贵，故有"亚洲佛光"之称。寺内正殿——东大殿建于唐朝，在全国现存的木结构建筑中居第二位。寺内唐代木构大殿、彩塑、壁画、墨书题记等，都是具有较高的历史、艺术价值的珍贵文物。

探秘佛光寺

1937 年，梁思成、林徽因夫妇带着营造学社的助手前往中国山西省的群山中寻访古建筑。此时，距"卢沟桥事变"爆发不到一个月，山雨欲来风满楼。

[梁思成和林徽因夫妇]

梁思成和林徽因这次前往五台山的考察已经是他们在山西寻找中国古建筑的第三次远行。

尽管他们知道，五台山寺庙群中有大量的古建筑，但他们并不想在此停留。因为这里的寺院大多明清年间经过重修，不是他们寻找的目标。

这一次，他们把全部希望寄托在五台山西南的一片群山之中。

梁思成，1901 年出生在日本，他的父亲梁启超是中国近代史上著名的政治活动家、启蒙思想家，康有为的学生，戊戌变法领袖之一。

[中国近代史上著名政治活动家梁启超]

晚年的梁启超逐渐从政治舞台上淡出，把主要精力放在对中国传统文化的研究和梳理上。当梁思成长大成人时，梁启超为儿子设计了文化创造的人生目标。最终使 20 世纪的中国又多了一位有永恒价值的文化人物。

林徽因，梁思成夫人，1904 年出生在福建，她的父亲林长民是中国近代立宪派领袖，擅长诗文和书法，曾经出任北洋政府司法总长等职。

探秘佛光寺

北洋政府: 中华民国建立初期, 以北京为首都、以天津为中心的中央政府与政治时期, 北洋派于这段时间在政府格局中占据优势地位, 北洋派领袖袁世凯及其后继者先后担任政府首脑, 直到1928年北伐战争结束后被国民政府取代。北洋政府对外依靠英美帝国主义支持, 对内主要代表国内汉族官绅势力, 以北洋军队为统治支柱, 发展民族经济和教育, 在全国建立起自治化的统治。

梁思成18岁时, 梁启超和挚友林长民出面, 为梁思成和林徽因定下姻缘。但梁启超的态度是, 我只提供邂逅, 并不包办婚姻。

梁思成和林徽因这一对现代史上令人惊艳的传奇夫妻, 有着极其炫目的出身和起伏跌宕的故事。

[林徽因和父亲林长民]

1924年, 梁思成与林徽因结伴共赴美国。

当时, 美国费城的宾夕法尼亚大学建筑系由著名的法国建筑师克雷主持。克雷教授尤其主张学生要深入研究建筑史并强化透视图的训练。

梁思成顺利进入宾夕法尼亚大学建筑系读书, 由于建筑系不招收女生, 林徽因不得不先在美术系注册入学, 而后才转入建筑系。

当建筑系教授向他的中国学生询问中国建筑史时, 梁思成感到十分茫然, 他告诉教授, 古代中国似乎从来没有把建筑当成一门艺术, 建筑史的研究更是一片空白。

就在梁思成为中国建筑史感到茫然时, 北京商务印书馆刊印了一部新发现的古书《营造法式》, 发现者朱启钤曾是北洋政府大名鼎鼎的人物, 也是梁启超的故交。

《营造法式》是现存的中国历史上最早的一部建筑手册, 收录了北宋时期的建筑图例和施工标准，作者李诚是宋徽宗的工部侍郎。

> **侍郎**：汉代郎官的一种，原本为宫廷的近侍。东汉以后，尚书的属官初任称郎中，满一年称尚书郎，三年称侍郎。唐以后，中书、门下二省及尚书省所属各部均以侍郎作为长官之副，地位次于尚书，相当于现在的部长、副部长级别。

1925 年，梁启超给在美国留学的梁思成、林徽因寄去《营造法式》一书，并特意写了他的评价："一千年前有此杰作，可为吾族文化之光宠也已。"

尽管梁思成当时几乎无法读懂这部"天书"，但他隐隐感到，一扇探索与研究中国建筑史的大门正在悄然开启。然而，他们的第一步将向哪里迈出呢？

北京东城区有条不起眼的巷子，名叫赵堂子胡同。中国营造学社就诞生在这里。学社的创建人朱启钤，曾任北洋政府交通总长、内务总长。

1930 年，朱启钤发起成立了"中国营造学社"，这是中国第一个建筑学术团体。营造学社早期的工作侧重文献方面，中国古代流传至今的有关建筑技术方面的书籍仅两部，一部是宋代的《营造法式》，另一部是清代的《工部工程作法则例》。由于书中词语日久失用，构造做法难以理解，于是，营造学社需要受过现代建筑学训练的专业人才参与破解这两部巨著。

[朱启钤]

梁思成、林徽因回国之后，在东北大学创办了建筑系。九一八事变后，东北沦陷，他们回到北平。刚好这时朱启钤成立营造学社，他找到了梁思成。

这一年，梁思成出任中国营造学社法式部主任，正式开始了他研究中国传统建筑的学术生涯。梁思成认为，唐代建筑艺术是中国建筑发展的一次高峰，他确信，中国木框架建筑的建造原则以及过去 3000 年来这种建筑方法的演变之谜，就隐藏在现存的古代建筑遗迹中。但最大的困难是，如何在广袤大地上找出那些可能幸存的古代木构建筑。

木结构建筑：中国木结构体系历来采用构架制的结构原理，以四根立柱，上加横梁、竖枋而构成"间"。紫禁城太和殿为十一开间，是现存最高等级的木构古建筑。斗栱是中国木架建结构中的关键部件，作用是在柱子上伸出悬臂梁承托出檐部分的重量。木结构体系的优点很多，如维护结构与支撑结构相分离，抗震性能较高，取材方便，施工速度快等。同时也有很多缺点，如易遭受火灾，白蚁侵蚀，雨水腐蚀，相比砖石建筑维持时间不长。

而日本出版的《中国建筑史》断言：唐及唐以前的木结构建筑在中国已不存在，只有在日本奈良才能见到。

这个断言深深刺痛了梁思成。但这个近似冷酷的断言至少在当时就是事实，日本京都和奈良的中国唐代建筑保存完好，随处可见。

1932 年春，梁思成从北京鼓楼展出的一张风景照片上发现蓟县独乐寺不同于清故宫的建筑风格，于是促成了营造学社的首次田野考察。

独乐寺建于辽代,距今 1000 多年。独乐寺的建筑形制上承唐代遗风，下启宋式营造，是研究中国建筑发展的珍贵实物。观音阁内高达 16 米的辽代泥塑观音像，与独乐寺建筑群一起经历多次大地震而奇迹般地幸存。

更让梁思成兴奋的是，独乐寺在时代上虽属于北宋，但形制上却更接近他渴望见到的唐代建筑。对独乐寺的考察让梁思成相信，他看到了黎明前的曙光。

从此，梁思成和林徽因率领考察队频频走出北京，去寻找那些濒临灭绝的古建筑，为它们测量、照相、登记。这支非官方的考察队出现在当时混乱纷扰的乡镇和田野上，自成一道奇特的风景。

中国营造学社相继调查了蓟县独乐寺、宝坻县广济寺、正定县隆兴寺、山西大同金辽时期的华严寺和善化寺，以及著名的应县辽代木塔等古建筑。遗憾的是，他们并没有找到唐代的木建筑。

在考察中，常常满怀希望跑了几百千米，却只发现一堆废墟，或许还有几片屋瓦或几根柱础作为此行的回报。

客观上说，木头是一种易损的建筑材料，即使有宽广、外伸的瓦顶作保护，木柱和桁架也很容易遭受虫蛀、腐蚀和火灾，更何况，还有人为的破坏和战乱的侵扰。每次战乱都是珍贵古建筑厄运当头的时刻。战胜者为了彰显自己的武力和威风，往往以焚毁战败者的宫室为荣耀，从项羽当年焚烧"咸阳宫室"的那场大火开始，几乎每次朝代更迭都不能幸免。

但在一些气候适宜、地处偏远的地方，木构建筑还是可以留存的。

当时西北科学考察团在新疆发现了保存完好的汉代木简，梁思成由此坚信，上至唐代的中国古代木构建筑一定有所留存。

从 1932 年到 1937 年初，梁思成和林徽因实地考察了 137 个县市的 1823 座古建筑。可是，他们一直期望发现的 1000 年以前的唐代木结构建筑却从未出现过。

1000 多年的战火和风霜雨雪，一座木结构的建筑能够从公元 10 世纪保存到 20 世纪，实在是难以想象的奇迹。

奇迹来自偶然。

梁思成偶然看到一本画册《敦煌石窟图录》，这是法国汉学家伯希和在敦煌石窟实地拍摄的。

在这本书中，梁思发现，敦煌 61 号洞中有一幅唐代壁画《五台山图》，这幅巨型壁画上绘制了佛教圣地五台山的全景，其中有一座叫"大佛光之寺"的庙宇引起梁思成的注意。

五台山，中国四大佛教名山之一，佛家认为是"文殊菩萨的道场"。五峰当中的小镇叫台怀，五峰以内叫"台内"，以外称"台外"。

台怀周围寺刹林立，香火极盛，建筑经过历代多次重建或改建，已少有明清以前的庙宇存在。台外因地处五台外围，寺刹散远，交通不便，人迹罕至，香火冷落，寺院经济拮据，没有力量重修，反倒可能让一些古老的建筑侥幸保存下来。

1937年，日本侵华步骤急剧加快，时局日益紧张。

梁思成越来越感到时间的紧迫，他和林徽因希望在战争爆发前把华北、中原的古建筑调查做完，以免这些人类的宝贵遗产毁于战火而不能给国人留下一图一景，成为他们终生的遗憾。

循着《敦煌石窟图录》的线索，梁思成和林徽因很快在北平图书馆查阅到了有关大佛光之寺的资料。五台山《清凉山志》记载，佛光寺始建于北魏，唐武宗灭佛时被毁，仅仅12年后佛光寺重建。

由于大佛光寺处于五台山的外围，祈福进香的信徒很少。这份记载和梁思成的推断吻合。

为此，梁思成给围绕这座寺庙的整个山区道路都绘制了地图。

1937年6月，梁思成、林徽因把一双儿女托付给大姐，带着助手莫宗江、纪玉堂动身前往五台山。

而当时，他们的身体状况并不好，梁思成拖着一条伤腿，林徽因患着肺病。

他们到达五台县城后，没有去台怀镇，而是直接去了南台的外围，寻找《五台山图》中的大佛光之寺。

1937年6月26日，从清晨走到黄昏时分，梁思成、林徽因一行来到台怀镇西南200多千米的豆村。

转过山道，他们远远望见一个隐藏在连绵山峦下的古寺。难道这就是佛光寺吗？

当年的古寺早已香客冷清，荒凉破败，看守寺院的只有一位年逾古稀的老僧和一位年幼的哑巴弟子。

当老僧明白造访者的来意后，佛光寺寂寞多年的山门，便为这几位神秘的远方客人敞开了。

据五台山《清凉山志》记载，佛光寺始建于北魏，唐武宗灭佛时被毁，被毁之前的"大佛光之寺"的影像，被描绘于几千里之外的敦煌石窟，可想而知这座寺院在唐宋时代五台名刹中的地位。

梁思成进入寺院，一眼看到出檐深远的大殿，就断定这是一座比他们以前所见的更古老的建筑。

然而，梁思成和林徽因依然感到疑惑。因为他们之前反复研究的《五台山图》上，"大佛光之寺"院内分明画的是一座三层高的大殿，可眼前的建筑却只有一层。

它究竟是不是古籍上所记载的佛光寺呢？

1964年，也就是梁思成、林徽因发现佛光寺27年之后，一位叫柴泽俊的年轻人，在北京的古建学习班上，当面向梁先生询问了他见到佛光寺东大殿的第一印象。

山西省文物局高级工程师柴泽俊介绍说：到了佛光寺，梁先生高兴极了，他说，我没有想到，五台还能保存下这么好的一座唐代建筑，它一下就把我吸引住了。

大殿内的景象让梁思成和林徽因惊讶不已。

梁思成后来写道："那高大的殿门顿时就给我们打开了。里面宽有七跨，在昏暗中显得更加辉煌无比。在一个很大的平台上，有一尊菩萨的坐像，他的侍者们环他而立，有如一座仙林。"

探秘佛光寺

　　眼前这些身材高大、造型别致的彩色塑像，仿佛让他们回到了遥远的历史时空。

　　从艺术造型上看，佛像面颊丰满，弯弯的眉毛，端正的口唇，都具有极其显著的唐代风格。菩萨立像大都微微向前倾斜，腰部弯曲，腹部略微凸起，这都是唐中叶以后菩萨造像的特征。

　　造像：古时为生人、亡人或己身祈福，在僧寺或崖壁间刻石成佛像，或以金属铸造佛像，称之为造像。始于优陀延王，大体在东汉时期佛教传入中国之后在中国流传开来。魏晋以来，在北方盛行的石窟造像的影响下，小型可移动的石造像也趋于流行。

　　柴泽俊介绍说：当时有一批匠师终生为寺庙服务，终生研究塑像艺术，达到了极高的境界。

　　穿行在大唐盛世的时空中，梁思成夫妇感觉进入了一个魔幻的世界。尽管他们熟知中国雕塑史，确信重大的发现就在眼前。但他们仍需要找出确凿无误的证据去证实这个发现。

　　梁思成写道："在平台左端，坐着一个真人大小的着便装的女人，在仙人丛中显得非常渺小畏缩。和尚告诉我们，她就是篡位的武后。"

　　梁思成和林徽因感到有些困惑：且不说这个女人是不是武则天，如此写实的塑像与天国的菩萨安放在同一个佛坛上，已十分罕见。梁思成记得，只有敦煌壁画上信女像的位置才与此类似。

　　这个女人究竟是谁？她与佛光寺有什么关系呢？

　　天色已暗，更多的疑问还需要明天的详细探查才能释然。

　　由于这座寺庙附近没有可供住宿的学校，梁思成和林徽因他们只好留在大殿过夜。

【造型别致的唐代彩色塑像】

　　平日工作时，梁思成管林徽因叫"scale（标尺）"，因为林徽因总是作为参照物出现在建筑照片上。而测绘时，梁思成大多是爬在屋梁上，所以林徽因管梁思成叫"梁上君子"。

　　这一晚，"标尺"和"梁上君子"彼此依偎温暖着，计划明天的工作。

　　那一年，梁思成 36 岁，林徽因 33 岁。

　　当第二天黎明到来时，他们迫不及待地开始了调查：大殿的佛坛上有唐代彩塑佛像 35 尊，金刚等 33 尊。另两尊特别的人物塑像，按照老和尚的说法，一尊是建殿施主武则天，另一尊是建殿主持者愿诚和尚。这两尊塑像虽然小些，但形态却很生动。此外，大殿两侧还有明代塑造的罗汉像 296 尊。

　　大殿的斗拱、梁架、藻井以及雕花的柱础他们都细致地看过，无论是单个或总体，都明白无误地显示了晚唐时期的特征。

　　其实，面对佛光寺内诸佛菩萨的塑像，梁思成、林徽因一眼就可看出是晚唐的作品，因为这些塑像和敦煌石窟的塑像极为相似。尤其是林徽因，她受过严格的美术训练，只要看一眼，就可以大致分辨出作品的年代。

[建殿主持者愿诚禅师塑像]

[明代塑造的罗汉像]

假如这些塑像是唐代遗存，庇护塑像的建筑就有可能是唐代的。

梁思成、林徽因认为，如果大殿经过不断重修，眼前的唐代塑像将很难完整保存至今。

柴泽俊介绍说：可惜的是，1929年，寺院诚习老和尚出于好心，化了许多布施，对佛光寺的佛像全部油饰一新。唐代塑像有点炫光刺目，颜色有点鲜丽，而且不是按照原来的颜色油饰的，但是它的骨骼、体量、造型、神情，依然是唐代原作。

面对近在咫尺的佛光寺，梁思成被那层层交叠而又宏大雄伟的斗拱所震撼。虽然这些斗拱像承受了千年的委屈一般，交错折叠在宽大深远的屋檐下，而正是这种稳健牢固的姿态，支撑着佛光寺千年的骨骼和历史。

斗拱是中国古建筑特有的构件，在立柱和横梁交接处，在柱顶上层叠形成弓形的承重结构叫拱，拱与拱之间垫的方形木块叫斗，合称斗拱。通常在较大建筑物的柱与屋顶间的过渡部分设置斗拱，用于支撑和承接庞大的屋顶，将其重量直接或经过额枋间接地传递到柱础上。斗拱高度约等于柱高的一半，其中每一构件都有其结构功能，从而使整幢建筑显得非常庄重。这是后来建筑所未见的。

　　梁思成评价："此殿'斗拱雄大，出檐深远'。"

　　经测量，斗拱断面尺寸为 210 厘米×300 厘米，是晚清建筑斗拱断面的 10 倍；屋檐探出达 3.96 米。这在宋以后的木结构建筑中也是找不到的。莲瓣造型的柱础，是唐代最流行的风格。梁带有曲线，称为月梁，一般古老的建筑才使用。天花板叫作平闇，佛光寺东大殿的平闇，方格密小，是唐末及五代建筑通用的做法。

　　眼前的陈列，美轮美奂，世间罕有，他们仿佛来到了一座古人特地为他们留下的艺术宫殿。这是一件人间的珍品，纯净而典雅，这将是一个惊世的发现。可是，创作者是谁？作品诞生的年代又是何时？反复搜寻一直没有找到任何碑刻和题记上的文字记载，也没有发现通常写在屋脊檩条上的文字。

[大殿雄大的斗拱和出檐]

　　梁思成决定，爬到天花板上去碰碰运气。

　　70 多年前，梁思成究竟在佛光寺东大殿的天花板上面的隐秘处发现了什么？

　　关于天花板上的奇特见闻，梁思成这样写道："我在那里看到了一种屋顶架构，其做法据我所知只有在唐代绘画中才有。使用'大叉手'，而不用‘侏儒柱’，这和后世中国建筑的做法全然不同，大大出乎我们的意料。”

山西古建筑保护研究所副研究员郑庆春介绍说：大叉手结构，从汉代开始有，南北朝也有，在石窟上边有这种形象，但是实物没见过。梁思成夫妇做了大量的古代建筑调查，在北方调查了数百处，从来没有见过这样的结构，这种结构可以明确地判断是唐代的原物。

叉手的作用，是承托屋顶的重量。叉手的做法，到宋代，演变成叉手之间加上侏儒柱，而到了清代，叉手完全不见，只保留了侏儒柱。

梁思成写道：“这个‘阁楼’里，住着好几千只蝙蝠，它们聚集在脊檩上边，就像厚厚的一层鱼子酱一样，这就使我无法找到在上面可能写着的日期。除此之外，木材中又有千千万万吃蝙蝠血的臭虫，工作至苦。”

连续3天的辛勤查勘，梁思成仍没有找到确切的建造年代。

如果仅靠大殿的唐代结构和雕塑的风格特征来判断建筑的年代，误差有时可能多达半个世纪。

此时，一直负责地面工作的林徽因突然欢快地叫了起来，她发现一根大梁上有很淡的毛笔字迹。

他们请寺里的老僧在附近村庄找了两个农民搭了个架子。林徽因自告奋勇上去擦洗污垢。没想到，这个看似简单的过程，竟然整整持续了3天。

梁上那行文字是“佛殿主上都送供女弟子宁公遇”，意思是，大殿是由一位叫宁公遇的女性捐钱建造的。正当大家还在琢磨这段文字时，林徽因突然快步奔向大殿外的石经幢。她忽然记起，在佛光寺大殿前的石经幢上似乎也有相同的名字。

果然，石经幢上刻有这样一句话“女弟子佛殿主宁公遇”，这绝不是

[大梁上的文字]

[石经幢上的文字]

偶然的巧合，梁上的题字与经幢上的刻文相互吻合，大殿的建造时间终于能够确定了。

石经幢上刻写的纪年是：唐大中十一年。根据推算，应该是公元857年，距发现之日整整1080年。

调查进行到这个阶段，似乎需要把思路重新再理一遍：寺院老僧说的那尊武则天塑像，其实就是功德主，也就是捐钱修建佛光寺的宁公遇本人。宁公遇像是一位年近40岁的贵夫人，面貌丰满，衣着入时，是一尊写实的肖像。

探秘佛光寺

[功德主宁公遇塑像]

> **功德主：**供养佛、法、僧三宝的施主、檀越。在佛门中，布施净财者为功德主；发心作务或热心接引他人入佛门，使佛教蓬勃发展者，也可称为功德主。如比丘、比丘尼及各级信仰佛教的优婆塞和优婆夷（男女居士）等。佛教只珍重供养的发心，而不会按财力多少来评判。

　　与这座非凡建筑的诞生有关的人物除了施主宁公遇，还有一个人，他叫愿诚禅师。唐武宗灭佛后，40岁左右的愿诚禅师四处化缘，复兴了佛光寺。另一位叫王守澄，他以功德主的名义与宁公遇的名字出现在同一根木梁上，这个颇神秘的人究竟是什么身份？他与佛光寺的诞生又有什么关系呢？

> **唐武宗灭佛：**唐代后期，由于佛教寺院土地不输课税，僧侣免除赋役，佛教寺院经济过分扩张，损害了国库收入，唐武宗于会昌五年下令清查天下寺院及僧侣人数，限期拆毁寺庙，僧尼迫令还俗者共二十六万零五百人。唐武宗灭佛是佛教与封建国家发生经济上的矛盾冲突、佛教与道教争夺宗教上的地位的斗争的结果。这一阶段，佛教遭受到严重打击，佛教徒称之为"会昌法难"。第二年唐武宗去世，唐宣宗即位，又下令复兴佛教。

[与宁公遇名字出现在同一根木梁上的功德主]

梁架上的两行题记，提供了一个非常重要的信息，右军中尉是唐代宦官的首领，佛殿主宁公遇，只记载是唐长安送供女弟子。梁思成先生推测，宁公遇有可能就是王守澄的家人，因为在唐代，有宦官娶妻的习俗。因为一个普通老百姓没有那样大的财力，她必须有强大的后盾。

柴泽俊介绍说：东大殿是京都长安的布施者、长安的建筑大师们和当地建筑匠师一起修成的。发挥了民间匠师的特色而形成的东大殿，是一座唐代的代表性作品。

代表唐代最高水平的众多艺术作品汇集在一座寺庙里，而且同时被发现，如此重要的意外收获，成为梁思成和林徽因多年来寻找中国古建筑最快乐的事情。

梁思成后来满怀欣喜地说："这是我们这些年的搜寻中所遇到的唯一唐代木建筑。不仅如此，在这同一座大殿里，我们找到了唐朝的绘画、唐朝的书法、唐朝的雕塑和唐朝的建筑。它们是稀世之珍，但加在一起它们就是独一无二的。"

他们临走时，林徽因面对宁公遇塑像沉默了很久后对梁思成说："我真想在这里也为自己塑一尊像，让林徽因这位女弟子永远陪伴这位虔诚的唐代大德仕女，在这肃穆寂静中盘腿坐上一千年。"

梁思成后来写了一段颇富诗情的感慨："施主是个女的！这位年轻的建筑学家，本身是个女人，将成为第一个发现中国最稀奇的古庙的人，

探秘佛光寺

[林徽因与宁公遇塑像]

而该庙的施主竟然也是个女人，显然不是一个偶然的巧合。"

在以后的时间里，梁思成和林徽因全面查阅和研究了这座寺庙。

佛光寺创建于北魏孝文帝时期，隋唐之际，已是五台名刹，"佛光寺"这个寺名屡见于各种史书记载。

公元 845 年，也就是唐武宗会昌五年，皇朝发动灭法运动，寺内除几座墓塔外，其余全部被毁。偌大的佛光寺土崩瓦解，变成一片废墟，僧人也全作鸟兽散。

公元 857 年，也就是唐大中十一年，京都女弟子宁公遇和高僧愿诚主持重建佛光寺。

现存东大殿及殿内彩塑、壁画等，即是这次重建后的遗物。

柴泽俊介绍说：从寺前地基上钻探到的砖瓦情况看，佛光寺的规模原来比较大，在隋唐时期是五台山的一座著名佛寺。

佛光寺在唐代重修后，因为佛教已经开始走入衰败而少有记载，基本被遗忘了。

到了 12 世纪金代以后，佛光寺前院两侧兴建了文殊、普贤二殿。在文殊殿对面，曾经有普贤殿和天王殿，但是，这两间殿堂分别在明崇祯年间、清光绪年间不慎被烧毁。院内的南北厢房是民国初年增建的。在长达 1100 多年的漫长岁月中，经历过 8 次 5 级以上地震的佛光寺东大殿为何硕果仅存呢？

柴泽俊介绍说：它的台基前半截是垫起来的，非常坚固，后半截就坐在石岩上。潮气不容易上升，所以里边的塑像没有腐蚀现象。

东大殿天棚下拱眼壁上遗存的唐代壁画，是梁思成在大殿梁架上测绘时偶然发现的，唐代壁画上所使用的白色颜料 1000 年后会变成黑色，这个认识得益于他对古代壁画所用颜料的了解。因为唐代壁画的矿物颜料有锌白，画白颜色的部分，面部等需要白颜色的地方，经过多年的变化会发黑。

梁思成、林徽因之后对佛光寺的深入研究实际上延续了半个世纪之久。梁思成当年对东大殿正面的大门做了仔细研究后认为，"其造门之制，是现存实例中所未见的。"由此他留下了这样的悬念："门部的结构恐怕是明以后物，其结构法是否按最初原形，则尚待考。"

东大殿现存的五扇大门究竟是不是后人在维修时添加上去的呢？

27 年后的 1964 年，梁思成的学生，中国营造学社最后的传人罗哲文先生和山西考古专家孟繁兴一同前往佛光寺考

[门上的题辞]

察。在那儿遇到大雨，当时交通不便，晚上就留宿寺中。

那一年的7月偏偏多雨，一连下了好几天，像是老天爷有意留客。在寺院住下来的罗哲文，每天打着电筒在东大殿里查看，这一看，又是石破天惊。

细观之下，罗哲文在大门背光处的门板上发现有墨迹，经过仔细搜寻，罗哲文和孟繁兴竟然在大门内面的门板、门框上，找到了数十处从唐代到明、清时期的墨书题辞。年代最早的一处题辞仅4个字"咸通七年"，这是唐懿宗的年号，也就是公元866年，距佛光寺落成仅仅9年。

门上留下的珍贵墨迹说明了什么问题呢？

罗哲文介绍说：当时有一个争论，很多有名的专家认为东大殿前面的门是后来改的，它前面原来应该是廊柱，门在后面。

根据梁思成当时绘制的东大殿平面图，东大殿主体建筑由外围的檐

[唐代壁画]

柱一周和内柱一周组成，跟《营造法式》所称的"金厢斗底槽"做法大致相同。由于梁思成曾有"门部的结构恐怕是明以后物"的判断，所以后来不少专家据此认为，现在大门的位置应该是一道回廊。

金厢斗底槽：宋代《营造法式》中列举的四种空间（单槽、双槽、分心斗底槽、金厢斗底槽）划分方法之一，其特点是殿身内有一圈柱列与斗拱，将殿身空间划分为内外两层空间组成，外层环包内层。山西五台山佛光寺东大殿就是这种结构。

罗哲文介绍说：题记题在门上，而且题在门框上，这样就解决了佛光寺研究中的一个争论。

门上的题辞如同书画上的落款印章，天衣无缝地证明了大门的结构并未经过任何改动，依然是唐代原物。

罗、孟二位先生不仅发现了门上的题辞，而且还找到了一幅画在佛座背面的唐代壁画，此画由于长期密闭，不见阳光，发现时色彩如新。经过比对，这幅珍稀的唐壁画与唐代吴道子的《天王送子图》内容和结构相近。

《天王送子图》：又名《释迦降生图》，唐朝画家吴道子所画的佛道壁画。描绘佛祖释迦牟尼降生为悉达王子后，其父净饭王和摩耶夫人抱着他去朝拜大自在天神庙时诸神向他礼拜的故事。此图写异域故事，画中的人、鬼神、兽却完全中国化、道教化了，表现当时佛教与中国本土变化到唐朝日趋融合。

10年后，1974年，柴泽俊先生在东大殿研究壁画时再次发现了多处唐代壁画，加上梁思成、罗哲文、孟繁兴等人此前的发现，佛光寺遗存的唐代壁画多达60余平方米。

探秘佛光寺

柴泽俊介绍说：寺庙中保存唐代壁画，全国仅此一处，其他是敦煌莫高窟石窟里保存下来的。因此，佛光寺为数不多的壁画是我国绘画史上的重要一页，是当前保存下来最早的壁画的实证。

在佛光寺工作一个星期后，梁思成他们决定离开寺院。

梁思成告诉寺院老僧，自己已准备把这一重大发现报告山西省当局，以敦促实现对佛光寺的永久保护。

几天后，梁思成从报纸上得知，日本军队的枪炮声已响彻北京城，中国已没有了安宁。

但是，他们几天前的发现将最终奠定梁思成与林徽因作为中国建筑史学者的最高成就。但遗憾的是，在距离佛光寺西北几十千米的山中，有一座南禅寺，它的建筑年代比佛光寺还要早。由于时局的纷乱，梁思成林徽因和它擦肩而过。

在梁思成和林徽因发现佛光寺 16 年之后，1953 年，山西考古人员考察了南禅寺，他们根据殿内屋梁上写有"大唐建中三年"的墨书题辞

[中国现存最古老的唐代木结构建筑南禅寺]

考证，南禅寺是公元782年重修的，时间比佛光寺的落成要早75年。这意味着，南禅寺是中国现存最古老的一座唐代木结构建筑。也意味着，由于梁思成、林徽因对佛光寺的发现，历史仅存的两座唐代木结构建筑，从此在中国的大地上双星闪耀。

1961年，五台山佛光寺被列入首批国家重点文物保护单位。

1984年，梁思成的《图像中国建筑史》在美国出版，佛光寺考察成果是其中重要篇章。

人文圣山

　　一年中大多数时间，庐山诸峰在飘渺不定的云雾中忽隐忽现，仿佛天上的瑶池飘落人间，仍旧带着恋恋不舍的仙气。古往今来，这座大山不知折服了多少英雄和才子，亦不知见证过多少幕历史的大戏。

开 山

在庐山博物馆的化石陈列室里，石头们安静地讲述着，关于这座山是如何被孕育的古老故事。

10亿年前这里原是浅海沉积的古老地层，经历几次反复的抬升和陆沉，最终才浮出水面。此后2000万年前的"喜马拉雅造山运动"中，地层开始断裂，裂隙处在地壳的挤压下缓慢上升，初现山的样子。到了距今300万年前，这个山谷同地球上其他地方一样，经历着冰川世纪。

这时，大地忽然开始抖动，巨大的冰层推搡着已经不堪重负的岩石和沙砾跌下山崖，沉睡的冰河开始苏醒。

这就是科学家所说的——第四纪冰川运动。

冰河之下暗流涌动了几百万年，自然界的秩序重被书写。崭新的和更高大的植被开始覆盖山野，谷地被冲刷得更加开敞平缓。潺潺溪流，

[庐山博物馆]

人文圣山

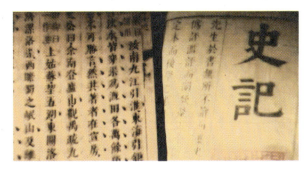

[司马迁在《史记》中记载了他的感慨]

层层跌落在山隙与低谷中。那些散落于山间的冰河世纪的遗迹，凝固成了一种极其罕见的风景。

自然造化恩宠于斯。在一马平川的长江中下游平原，庐山拔地而起，襟江带湖，峰险涧深，云蒸霞蔚，自成一派风姿。它的四周，匍匐着低矮的丘陵，无边的原野，苍茫的江湖。世代繁衍在此的人们，也有赖青山的惠泽，春种秋收，夏忙冬藏，休养生息，洋洋自得于天地之间。

据史学家考证，早在新石器晚期，庐山周围便有人类生活。先民用无数的神话传说勾勒着他们看到的大千世界，至今仍在高山低谷间随风传颂……

庐山流传最广的当是匡俗的故事。周武烈王时代，一个叫匡俗的人进庐山求仙学道，天子请他出山，匡俗拒不肯从。当人们找到匡俗的住处时，只见到一间茅庐，匡俗从此不知所终。

庐山之所以叫庐山，又或叫匡庐，就是因为这个叫匡俗的人。

关于"庐山"二字何时最早见诸文字，说法不一。近代学者王国维曾考证得出，早在战国时代一本名为《竹书纪年》的书中就有"王南巡狩至九江庐山"的记载。可对于今天的中国人来说，"庐山"这两个字之所以耳熟能详，却是始自一位书写历史的汉朝人。

公元前126年，汉武帝元朔三年，一个年轻人在远离中原的庐山上

[庐山摩崖石刻]

进行着他人生的探索。他站在山巅，眺望传说中大禹治水时梳理过的九江。30 年后，他为这次经历写下了 10 字感慨："余南登庐山，观禹疏九江。"

他，就是太史公司马迁，而那部写下庐山名字的奇书便是被誉为史家之绝唱的《史记》。今天，司马迁所登的庐山主峰大汉阳峰上仍有禹王台等遗迹及后世碑刻追忆大禹的对联。

庐山第一次正式登上历史舞台，竟是由这位伟大人物和这部经典史书来为它报幕。正因为这 10 个字，庐山永别了蛮荒蒙昧的时代。

公元 220 年，辉煌了 400 余年的大汉王朝宣告谢幕。随着北方游牧民族的日渐强大，公元 4 世纪前叶，华夏文明的中心被迫由中原向长江中下游偏移。这场持续了两个世纪之久的大迁徙，史称"永嘉南渡"。

此时的庐山，尽管已被载入正史，但在华夏文明圈中仍是座名气甚小的山岳。正是这场前所未有的文明大迁徙，引发了一系列连锁反应，庐山大步跨入它的人文历史，从此成为中华文化史上一个再也无法忽视的焦点……

据统计，遍布庐山的摩崖石刻共有 900 多处，在这些潇洒道劲的字迹，酣畅淋漓的诗文背后，记录着生命与大山的一次次相遇。在庐山剪刀峡，游人们往往不会留意到，在一块斑驳的岩壁上竟然浮现着一幅画像。纵

人文圣山

是年代久远，风雨剥蚀，仍然可以看出，画中是一位端坐的僧人。这位僧人与庐山又有着怎样的渊源呢？

几千年来，亚欧大陆上游牧民族和农耕民族之间一直进行着南北向的碰撞和互动，与之相随的是异域文明之间的对话与交融。2500 年前，在遥远的恒河流域，一个影响亚洲乃至世界的宗教——佛教开始自西向东传播和蔓延。及至东晋时代，佛教在中国已有 300 年的历史。

尽管当时的佛教已经受到王室贵族的关注，但日益逼近的强胡马蹄，终究盖过了诵经佛鼓。公元 378 年，前秦 10 万大军兵围襄阳。城内，高僧道安不得不遣散门徒。历史记载，厚爱门徒的道安谆谆教导嘱咐了每个即将远行的弟子，可当来自山西武宁的门徒慧远向他叩别时，他却缄口不语，当慧远询问原因时，道安只说："如汝之人，岂复相忧？"

来自遥远次大陆的佛教，在与中国本土文化 2000 年的融汇中，其深奥的哲理和晦涩的经义早已被重新诠释和改造，变得更为大众所接受。善恶因果，祈求世界圆满，家人平安幸福这些人类最纯朴的思想，在中国人心目中根植下来。

如果追溯这一流变的源头，必须提到位于庐山脚下的寺庙——净土宗祖庭东林寺。它的奠基人，就是 1600 年前远行至此的慧远。

公元 381 年晚春，已游历 3 年的慧远专程来看望西林寺的住持，他的同门师兄慧永。

初到庐山的慧远，几乎游遍了山间的景致。史料记载，他经常到庐山的幽谷中听清泉流瀑之声，凝神于巨石之上，冥游于物我两忘的境界。慧远大师留存至今的五言诗《游庐山》中最后两句说道："孰是腾九霄，不奋冲天翮。妙同趣自均，一悟超三益。"

这样身临其境的豁然超悟，令慧远深感尤胜于儒家修身的"三益"之法。他为庐山写下洋洋 600 字的《庐山记》，被认为是第一篇完整描述庐山景致的散文。

从一诗一文中，我们可窥匡庐的山山水水是如何荡涤着这颗超越红尘之心。

就这样，慧远决定留在庐山。

公元 386 年，久慕慧远大名的地方官在西林寺东边为他建造了一座寺院，名为东林寺。从此，慧远卜居庐山 36 年，直至往生。

据历史记载，慧远出家前，是位饱学的儒生，聪慧过人，《高僧传·卷六·释慧远传》这样描述他："少为诸生，博综六经，尤善《老》《庄》。"21 岁时，慧远被高僧道安讲经所折服，顿悟后皈依佛门。

公元 7 世纪以前，悉昙梵文就已兴盛于印度，魏晋时，随佛典传入中国。但大部分中国僧侣初见这些高深莫测的文字，既难读懂，又难口诵，加之解读方法的不一，导致了佛经翻译的混乱。于是，慧远派遣弟子西行取经求法。并亲自邀请尼泊尔、古印度以及居住在长安的中外高僧齐

[庐山脚下的东林寺]

人文圣山

聚庐山，他们在慧远的主持下，耗时数载将经书译成汉文。魏晋 200 年间译出的佛教典籍 700 多部，在东林寺翻译的几近三分之一。

慧远凭借渊博的学识并没有止步于对佛经的翻译。佛教至东晋时虽在中国已有 300 年历史。但却始终未能成为主流文化，对于大部分中国人来说，这是个晦涩难懂的外邦信仰。

于是，在传播佛经的过程中，慧远开前人未有之先例，将当时本土最为流行的儒学、道学、玄学 3 门学问同外来佛家思想糅合在一起。自然渗透，悄然融合。经过他重新解读的佛学变得广为社会各阶层所接受。这就是后世所说的"佛教中国化"与"佛教社会化"。

卜居东林寺的 36 年间，慧远还将佛教的业报轮回思想结合中国本土文化重新作出诠释，他告诉人们，因为精神不灭，所以有因果报应。这个观念，影响深远，直到如今。慧远还告诉大家，诚心向佛的人死后，可以转生西方"净土"，进入极乐世界。这就是今天"净土宗"的缘起。慧远也因此被后世奉为净土宗的初祖。为表达传播佛学的决心，慧远还亲领隐居在庐山的居士，结成白莲社，因此，净土宗后来又被称为"莲宗"。

就这样，来自印度的佛教，在慧远的改造下，充满了中国文化的元素，这为佛教中国化奠定了坚实的基础。

东晋时代，中国佛教史上便有了这样的划分——以西域高僧鸠摩罗什所居住的长安为中国北方佛教圣地；与之比肩的，是高僧慧远居住的庐山，为南国佛教圣地。

慧远圆寂于公元 416 年，他的灵骨塔就安放在东林寺旁。

慧远走后近半个世纪，中国进入动荡离乱的南北朝分裂时期。因为乱世中人对于未来的不可预知，宗教热忱在大江南北甚嚣尘上。外来佛教和本土道教之间对主导宗教地位的争论日渐激烈。

公元 444 年，在中国北方，爆发了史称"北魏灭佛"的事件，而在中国南方，宗教辩论成为佛道争锋的主要方式。

公元 467 年，南朝宋的都城建康迎来了全国瞩目的一次宗教论战，论战一方是号称南朝四百八十寺中遴选出的高僧，而另一边，却是在皇帝几道御诏之下，勉强上场的一位道人。但他一开口，对佛道两教辨析之深刻，知识之渊博令所有人莫不叹服。他叫陆修静，来自庐山。

公元 461 年，年过半百的陆修静云游至庐山。遍历名山大川的他站在金鸡峰下，被这山谷的气象所吸引。道教崇尚自然，清静虚无。谷中的简朴寂然，正切陆修静的心境。自此，他便隐遁在这里，著书立说，采药炼丹，植松种竹，一待便是 7 年。

他为什么会选择庐山住下？这与庐山的自然环境和人文环境有关。庐山东临鄱阳湖，北濒长江，有雄伟挺秀的山峰，瞬息万变的云海，飞流直下的瀑布，加上空气新鲜，环境宁静。这种远离尘世的气氛，历来被道家、佛家视为修行的理想场所。

今天，到庐山的游客必到的景点之一就是仙人洞。20 世纪 50 年代，毛泽东题诗中"天生一个仙人洞"更令它扬名四海。许久以来，仙人洞是供奉道教吕祖的府第，人们到这里焚香叩拜，祈求平安幸福。但并不清楚，本土的道教文化能够兴盛不衰，莫不与 1600 年前，陆修静在庐山

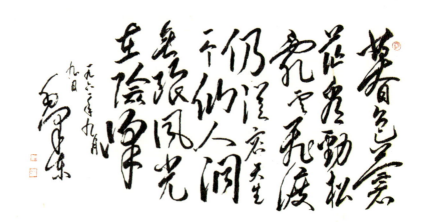

[毛泽东为仙人洞照题写的诗词]

人文圣山

所做的一系列努力息息相关……

　　道教是中国土生土长的宗教。但一直以来，它却只是以简单的方式在民间流传。其谱系、仪式、方法以及思想，都显得零碎和杂乱。

　　这一切，却因为陆修静隐居庐山的岁月而发生了根本性的变化。

　　面对道教经书散落民间的混乱局面，在庐山的 7 年里，陆修静对天下道藏进行了前所未有的全面搜集和整理，收集整理道经共计 1000 多卷。他将收集的道经分为 3 个大的部令：《洞真部》《洞玄部》《洞神部》，叫总括三洞。

　　公元 447 年，陆修静整理道书，把经书目录命名为三洞经书目录，这是道教史上最早的道书总目录，也是最早的道藏目录。

　　对道教典籍汇总之后，陆修静又开始创制统一的道教仪式，编纂斋戒、仪范等书 100 余卷，包括道教的组织形式、行为规范、斋醮仪式等。使道教的神氏谱系及理论典籍，开始整齐划一。

　　由于陆修静的一系列改革举措，道教由民间开始步入殿堂。陆修静也被后人尊为南方道教的宗师。而他在庐山南麓修建的太虚观，及至北宋，

[庐山胜景仙人洞]

一直是南方道教规模最大也是最重要的宫观和修炼场。兴旺时，观内道人达五六百。

当庐山北麓经慧远的努力而成为南方佛教中心之后，庐山南麓也因陆修静的努力而成为南方道教中心。同一时代，同处一山，佛道两教，既对峙，又同尊。

此后，陆修静被天子召入都城，讲理说法，直至卒于公元 477 年。弟子们遵照他生前的心愿将灵柩归葬庐山。陆修静被追谥为"简寂先生"，取"止烦曰简，远嚣在寂"的意思，太虚观也因此而更名为"简寂观"。

历经沧桑，简寂观遗址今天就隐匿在庐山山坳中。

外来佛教的中国化和民间道教的殿堂化，几乎同一时代在庐山完成，并由此各自走向成熟。这在中国文化史上是一件大事，也是中古文化结构的一次意义深远的调整。

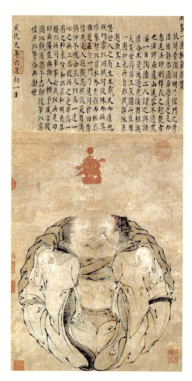

[御制一团和气图]

如果说，司马迁的《史记》为庐山展开了人文历史的长卷，那慧远、陆修静就是为庐山文化率先起笔的两位先贤。这样的开山，并无电光石火，天崩地裂。然而于无声处，一个属于伟大民族精神世界的山岳在层累堆积中拔地而起。

公元 1464 年，北京紫禁城内。刚刚即位的明成化帝，亲笔绘制一幅图画，该图乍看上去为一人哈哈大笑，仔细看，却是 3 个紧紧抱在一起的古人。"合三人以为一，达一心之无二，忘彼此之是非，蔼一团之和气。"

时至今日，人们仍然很喜欢这幅图画，因为它寓意着吉祥与和谐。这是人类千百年来不变的祈愿。《御制一团和气图》的题款清楚地交代了 3 位画中人的姓名——3 个人都来自庐山。其中两个正是慧远和陆修静，而那个身形模糊的第 3 个人是谁呢？

正是因为这个人的到来，庐山儒释道和谐共处、色彩缤纷的人文历史方拉开大幕。

归 来

在整个人类社会发展史中，隐士是一个十分独特的人文现象。而中国的隐士阶层其行为之怪诞，动机之复杂，对国家社会影响之深远又是极其特殊的。

隐士：就是隐居不仕之士。不仕即不在仕途，终身在乡村为农民，或遁迹江湖经商。真隐士的人格特点是寻求诗意的栖居，是人性的一种回归，是对仕隐情结的一种解脱。是由外界对本心的干扰程度而言的，外界对本心干扰的程度越大，就越能守住本心的称隐。

学术界普遍认为，隐士出现的一个重要原因与彼时的社会政治生活息息相关。魏晋南北朝，恰是中国历史最黑暗最混乱的时代之一。战乱频仍，宫廷倾轧激烈，门阀制度森严。

"邦有道则见，无道则隐"。面对肃杀的政治局面，外行孔孟，内修庄禅的中国文人于无奈中纷纷寄情山野，他们不止是寻找自己的栖息之地，同时也在寻找自己的精神家园。此刻，位于长江中下游平原的庐山，正以它突兀孤立的姿态吸引着各路逃离现实的来客。

匡庐的大山大水间孕育的壮阔之美不知令多少迷途的心灵得以释怀，于是，有人便再也不忍离去。著名的柴桑翟氏人家，据说在庐山一隐便是 4 代。高僧慧远在东林寺发愿组织白莲社，据说半数以上成员都是庐山周围的隐者。

[庐山]

[东晋文学家陶渊明]

与其他隐士不同的是，庐山并非陶渊明刻意选择的遁世场所，只因为这里是他的家。

陶渊明的家乡上京，位于庐山南麓。近山临水，平畴旷然。时至今日，漫步在村落之中，随处可以感受到田园生活的祥和。1600多年前，陶渊明出生在这里的一个显赫人家，但到他这代已经衰落，纵使如此，他深受家庭熏陶，年轻时也立志功名。

就在魏晋清谈尚玄之风甚盛，隐逸文化几成显学的时候，陶渊明却并不在其列。相反，他高唱着"猛志逸四海"，在年近 30 之际，终于等来了他人生中第一次入仕的机会。

　　庐山脚下的九江古称"江州"，又名"浔阳"。公元 393 年，江州刺史是王羲之的儿子。王家世代信奉五斗米道，据国学大师陈寅恪考证，浔阳陶家同样世代信奉五斗米道。也许是出于共同的宗教信仰，也许是名门之后的缘故，陶渊明被委以重任——江州祭酒。但不久，陶渊明辞去官职。

五斗米教：道教早期的重要流派，张陵于公元126年至144年间创立。公元208年，五斗米教的经典《老子想尔注》问世，把黄老理论、儒家学说、长生不老、民间信仰熔为一炉，把天、地、人、鬼、神以道贯之，使五斗米教得到进一步发展和完善。五斗米教以尊奉黄帝和老子为基本信仰，把信行真道作为修行的主要目标，规定道徒的基本义务是奉守道戒，处世原则是清静无为。这些特点，对后世道教的发展奠定了基础。

[陶渊明的家乡陶村]

如果说，陶渊明第一次与官场的分手还算友好，而随后几次却是伴随着魏晋时代的混乱与杀戮。

公元400年，陶渊明投入桓玄门下做属吏。这时，桓玄正控制着长江中上游，窥伺着篡夺东晋政权，陶渊明察觉后自然不肯与之同流，翌年借故辞官而去。

公元402年，桓玄举兵攻入建康，夺取东晋军政大权。随后公开篡夺了帝位，改国号为楚。

第二年，建军武将军、下邳太守刘裕自京口起兵讨桓平叛。这一次，陶渊明离家投入刘裕幕下任镇军参军。

刘裕战胜桓玄后，平定朝歌的一系列做法让陶渊明一度引为知己。但逐渐，刘裕党同伐异，剪除异己的做法让陶渊明深感失望。

公元405年年初，陶渊明转投时任江州刺史刘敬宣门下任参军。3个月后便草草辞职。同年秋，他在叔父介绍下出任彭泽县令。

短短的13年里，陶渊明5次出仕，每次都是任职不久便辞官归去。尤其最后一次，才做了83天的彭泽县令。据《晋书·陶潜传》记载，只是因为他不肯穿官服去迎接前来视察的官员，留下了一个"不为五斗米折腰"的典故。这一次回乡途中，他写下了著名的《归去来兮辞》。

正如梁启超说："陶渊明在官场里混那几年，像一位一生爱好自然的千金小姐，强逼着去倚门卖笑。那种惭耻悲痛，真是深刻入骨。一直到摆脱之后，才算得着精神上的解放。"

公元405年，陶渊明归来故乡庐山，就再也没有离去。而他的这次归来，无疑对中国文化史起到了重要的作用：面对彼时醉心清谈尚玄，做寂寞孤傲状的中国隐士群体，陶渊明指出了一个人与自然和谐共处的最佳契合点——田园。同时，陶渊明开创的田园诗也从此发扬于庐山，历经时光洗礼，成为中国诗歌最重要的流派之一。

田园诗：以农村景物和农民、牧人、渔夫等的劳动为题材的诗歌。东晋大诗人陶渊明开创了田园诗体。到了唐宋时期，田园诗成了隐居不仕的文人以田园生活为描写对象的诗歌。田园诗和边塞诗并称唐代开元、天宝年间两大词派。陶渊明的田园诗数量最多，成就最高。王维则是盛唐山水田园诗派的代表人物，在中国诗歌史上具有重要的地位。

回乡后，陶渊明闻鸡起舞，荷锄晚归，与邻人把酒议桑麻，同朋友登高赋诗，享受一醉方休的快意。家中有无弦古琴一张，与朋友把酒相聚时，他竟也抱琴相和。

"但识琴中趣，何劳弦上声"，陶渊明超越世俗的情怀并不是每个人都能体会，但此时，居住在庐山北麓东林寺的高僧慧远将赞许的目光投向陶渊明。正因为这两位文化巨人的相遇，中国历史上便有了一段流传至今的佳话——虎溪三笑。

据说，东林寺前有一条小溪，因慧远大师驯养一头神虎，故名"虎溪"。相传慧远居东林寺时，送客从不过溪。但有一次，因与陶渊明及山南的道长陆静修畅谈义理，兴犹未尽，不知不觉过了虎溪，以致慧远所驯养的神虎马上鸣吼警告，三人相顾大笑，欣然道别。这个故事经唐宋文人绘图作文，大肆渲染后，影响甚大。因为此三人恰分属三教，又均是开先河者，及至明代，明成化帝还依此传说，亲笔绘有《一团和气图》，寓意儒释道三教合一，天下和谐的愿望。

三教合一：指佛教、道教、儒教三个教派的融和。儒、道、佛是中国传统文化的主体，三教的分合是贯穿近2000年中国思想文化史中一股重要的支流。明代时有了明确的"三教合一"概念。晚明的林兆恩创立以儒为主体的三教合一宗教——三一教，宣称"以三教归儒之说"，使三教合一概念的内涵有了质的飞跃。

　　事实上，从时间推算，陶渊明归隐时已 40 有余，而陆修静还只是个十几岁的孩子，因此，"虎溪三笑"终究是个意味深远的传说。

　　但陶渊明与慧远大师的确相识。史料记载，陶渊明的家宅和耕地距东林寺咫尺之遥。陶渊明高风亮节，慧远学识渊博，二人以文会友，彼此欣赏，过往甚密。当慧远邀约 123 人结成白莲社，发愿诚心向佛时，力邀陶渊明入社，陶渊明以自己喜喝酒，不方便修佛为由谢绝了邀请。为此，慧远竟然破戒允许陶渊明带酒入寺。

　　纵是如此，陶渊明终究没有加入白莲社。在他思想里，人的前生来世都不重要，重要的是享受当下生活的快乐，做回真实的自己。

　　陶渊明就在这样的生活中，登高呼啸，直抒胸臆；临流赋诗，真情如水。故居的东皋、斜川、康王谷都在他的诗中自然走出，匡庐的峰峦、烟云亦在他的诗中若隐若现。承载他生活的田园，更是以其无比的天然和朴素，铺展在他无数的诗文之中。可在陶现存的诗文中，却从未提及"庐山"二字。

　　文化学者于丹认为，陶渊明一辈子没有远离庐山，有时称它南山，有时称它西山，因为他几次迁徙都围绕在这个山周围。但是，他没有一次提到庐山的名字，这是一种忘却，一种淡远，他不需要拿这座山，给它一个名分，给它一种炫耀，给它一种和自己明确的关联。陶渊明在这个世界上隐逸的文化是什么呢？是他尽可能地模糊掉了他与世界的关联，他不需要世界给他名分，也不需要炫耀他跟世界的关联，我想这就是他没有明确提过庐山的一个理由。

　　今天，上京小山上的石头上有人形凹印，传说是陶渊明当年喝酒长醉不醒而卧出的痕迹。栗里陶村取名"柴桑"二字的简易石板桥，据文物学者考证，魏晋时代就已存在，当地人坚信，当年陶渊明就是从这座桥上进出村庄的。

　　庐山到处布满陶渊明的足迹，也到处都有关于陶渊明的传说。他将尔虞我诈的官场、纷扰的尘世乃至自己青年时的理想统统关在柴扉之外。

公元 421 年，陶渊明曾经戎马追随的刘裕杀晋恭帝后自立为王，建立了刘宋王朝。这一年，早已不问世事的陶渊明将自己的名字改为——陶潜。

[魏晋时代就存在的陶村简易石板桥]

刘宋王朝建立的次年，陶渊明写出了一篇不足 400 字的短文《桃花源记》。《桃花源记》所描绘的是一幅与当时社会实况截然不同的画面。

他所勾勒的那个桃花源，与人们寻常的所见所闻如此接近：土地平旷，屋舍俨然，有良田美池桑竹之属，阡陌交通，鸡犬相闻，童稚天真，乡人热诚，来了客人，设酒杀鸡进行款待，恍然让人生出"不知有汉，何论魏晋"的感觉。它展现的是没有剥削压迫亦没有官家骚扰、无关世事变化的乡村生活。

然而，对于桃花源究竟是否真实存在，又在哪里的猜测，历代的学者对此众说纷纭……

康王谷是庐山主峰大汉阳峰西面最长的一条山谷。从陶渊明的家走出，翻过一座山就是了。这道深长的峡谷沿清溪而行，山重水复处，时时有柳暗花明。行至谷深处，有泉水从山崖跌宕而下，那便是庐山最著名的谷帘

[陶渊明的《桃花源记》]

泉。它被唐朝茶圣陆羽认定为"天下第一泉",泉水甘甜清冽,爽口无比。

康王谷原叫作庐山垅。当年秦国灭楚,楚怀王之子楚康王被秦将追逐到此,正在走投无路间,突然天下大雨,秦将却步,康王得以脱险。从此这位流亡的康王便隐居在这里,"康王谷"由此而得名。这段传说,与陶渊明文中所述几达一致。

陶渊明的一生,大部分时间都在家乡度过。他的足迹几乎遍及庐山及四周。直到今天,庐山附近的人们都坚信,陶渊明当年真的曾经来此漫游。他翻过家门口的山,走进了深谷。他看到了田园,被邀请进了农舍,享受到热诚的招待。他感慨万千,才从容命笔。康王谷的环境和氛围唤起他对理想生活的一种崭新诠释。

桃花源当然只是一个空想,但这个美丽的空想却将世人生活的理想以及价值观提高到一个全新的境界。这是个让人无限憧憬的境界,是人们相信通过努力可以抵达的彼岸。然而,怀着如此美妙之理想的陶渊明,却在贫病交加中走向生命的尽头。

公元 427 年,初冬的寒气隐隐袭来。陶渊明仿佛心有所知,他以坦然的心情,为自己写下《挽歌诗》三首和《自祭文》一篇。希望自己死后,"不封不树",愿自然而来,自然而去。值得一提的是,垂暮之年的他却在阅读《山海经》后写下这样的诗句:"精卫衔微木,将以填沧海。刑天舞干戚,猛志固长在。" 不知这位隐者为何在他生命的最后却又心生豪情。

精卫填海:相传太阳神炎帝有两个女儿,大女儿的名字叫瑶姬,小女儿的名字叫女娃。一天,女娃驾船游东海而溺亡,化为一种鸟,称为精卫鸟。精卫衔草石投入东海,发誓要填平东海。陶渊明的《读山海经》诗把区区精卫鸟与顶天立地的巨人刑天相提并论,其间生发出的悲壮之美,千百年来震撼着人们的心灵。而精卫鸟坚韧不拔的精神也正是我们民族精神的一种象征。

两个月后,他病逝于家中。陶渊明的离去,在魏晋时代并未引起关注。南朝刘勰著《文心雕龙》,搜尽前朝历代的名士佳作,却独对陶渊明只字未提。但随着时光流转,陶渊明的诗流传开来。自唐以来,众多诗家对他推崇备至。尤其大诗人李白,将陶渊明引为千古知音,恨生不能逢,只得寄情于诗中:"清风北窗下,自谓羲皇人。何时到栗里,一见平生亲。"及至宋代,陶渊明的声名已如日中天。

《文心雕龙》:南朝文学理论家刘勰创作的一部文学理论著作,是中国文学理论批评史上第一部有严密体系的、体大而虑周的文学理论专著。全书以孔子美学思想为基础,兼采道家,全面总结了齐梁时代以前的美学成果,细致地探索和论述了语言文学的审美本质及其创造、鉴赏的美学规律,包括总论、文体论、创作论、批评论和总序五部分。

欧阳修盛赞《归去来兮辞》说:"晋无文章,唯陶渊明《归去来兮辞》。"王安石对陶渊明的诗评价说,"有诗人以来无此句者。然则渊明

[王安石高度评价陶渊明的诗]

[辛弃疾赞陶渊明]

[欧阳修盛赞陶渊明《归去来分辞》]

趋向不群，词彩精拔，晋宋之间，一个而已。"辛弃疾则赞道："须信采菊东篱，高情千载，只有陶彭泽。"

陶渊明是晋南北朝年间最杰出的诗人，也是杰出的辞赋家与散文家。陶诗今存125首，文章12篇。

今天，庐山脚下，陶渊明故乡的村子里住着很多陶姓村民。他们供奉着祖宗家谱，以此证明自己是渊明后人。

在庐山余脉面阳山一处偏僻的小山坡上，参天苍柏掩映中，静静地矗立着立于清乾隆年间的陶渊明墓碑。

逝者如斯。然而陶渊明与他洋溢着大隐之风的诗篇却再也没有淡出人们的视线。其实，陶渊明的意义远不止为中国田园诗歌开宗立派。更重要的是，他以自己的隐居和诗作展示了一个挣扎的人生——是成为既得利益者还是成为自己？最终，他以尊重个人的意愿战胜了世俗功名的追求。

正因为有了陶渊明，从此，庐山再也无法寂寞。循着这位精神世界里巨人的足迹，它也渐渐成为后世历代隐者及文人墨客登临膜拜的圣山。

人文圣山

[陶渊明墓碑]

[陶氏宗谱]

文 火

　　被印度诗人泰戈尔推崇备至的清末"同光体"诗派领袖、一代宗师陈三立，曾以一句"凭栏一片风云气，来做神州袖手人"表明自己出离乱世，淡泊人生的志向。然而，当日军的铁蹄踏入北平，他终究还是放弃了自己的隐逸之梦，以一种悲壮的方式走向生命的归宿。

> **同光体：**"同光"指清代同治、光绪两个年号，同光体指光绪九年至十二年间，由郑孝胥、陈衍开创，随着后期大批文人追捧，逐渐成为一种成型的诗风。主要特点是主体学宋，同时也学唐，但后者主要趋向于中唐的韩愈、孟郊、柳宗元，而不是盛唐的李白、杜甫。1938年郑孝胥死后，同光体诗派也宣告终结。

　　日本人借陈三立的好友，另一位诗坛巨匠郑孝胥之口，传递了邀请其出任日伪政府要职的信息。陈痛骂其"背叛中华，自图功利"，与50年的好友割袍断交。愤懑不已的陈三立开始绝食拒药。

　　不忍离去的除了生命还有什么？如果是回忆，那么在庐山松林别墅"息影松林径，洗梦涧瀑流"的5年时光，无疑是老人生命里一段甜美的记忆。乱世之中，这里的一草一木，给诗人的心灵极大抚慰。

　　遗憾的是，老人自抗战前离开庐山便再也没有回去。

　　1937年，爱国诗人陈三立于北平寓所含恨离世。

　　同年岁末，陈家三公子陈寅恪离开北平辗转南迁。

> **陈寅恪：**中国现代最负盛名的历史学家、古典文学研究家、语言学家。清华百年历史上四大哲人之一，另外三位分别是叶企孙、潘光旦、梅贻琦。因出身名门，因而又被称作"公子的公子，教授之教授"。身后留下大量著作，内容涉及历史、文学、宗教等多个领域，为后人提供了新的治学方法。

人文圣山

[清末"同光体"诗派领袖陈三立画像]

[国学巨匠陈寅恪]

翌年，郑孝胥在伪满国都长春神秘死亡，据传系日本人所为。

1945年4月，抗战胜利曙光依稀可见，双目失明的陈寅恪在流亡地成都百感交集地写下了《忆故居》："……破碎山河迎胜利，残余岁月送凄凉。 松门松菊何年梦，且认他乡作故乡。"

出生于江西修水的陈氏父子，一生中只是偶尔寓居于庐山，然而，和中国历史上难以计数的先贤一样，他们都把心留在了匡庐之山。

几千年来，当中国的知识分子涉过历史险滩时，就像无根之草，找不到归途，也寻不见去路，有人死忠，有人随流，有人奋力挣脱去寻找心灵的自由。他们持守着"修齐治平"的理念，也怀着"隐逸山水"的梦想。

而对于这些行走中的赤子们来说，庐山，一如千年不变，默然守候的知己，抚慰他孤独的心，陪伴他们求索的路。

人与山，交相辉映，给整个民族文明史挥洒出闪亮的传奇。

公元383年，正在弈棋的东晋宰相谢玄接到前方捷报，8万晋军在淝水力胜前秦80万大军，淝水之战让来自中原的文化体系得以保存发扬。

[云雾中的庐山]

　　而庐山，这座已经与儒释道结下了深远渊源的大山，也因此得以继续它的文化薪火……

　　公元 411 年，谢氏家族的一位后人登上庐山，和他的前辈不同，这位名叫谢灵运的士族子弟并未延续位列公卿的家族传统。

　　谢灵运：东晋著名山水诗人，中国文学史上山水诗派的开创者。从他开始，山水诗成为中国文学史上的一大流派。他的诗充满道法自然的精神，贯穿着一种清新自然恬静之韵味，一改魏晋以来晦涩的玄言诗之风。李白、杜甫等都曾取法于谢灵运。

　　在崇山峻岭之中，谢灵运吟诵着"昼夜蔽日月，冬夏共霜雪"，把胸中无尽的丘壑化做诗歌和丹青。

　　肆意遨游山水的谢灵运，在不经意间，开创了中国诗歌的一大流派——山水诗。

谢灵运为庐山写下了 11 首诗。自那时起，江西成为中国山水诗派的主要策源地。而庐山，也因为"前有陶令，后有谢公"，渐渐成为历代诗人的磁场和诗歌的温床。

2007 年，庐山管理局组织各界学者着手编纂《庐山历代诗词全集》，这是一个试图将有史以来所有关于庐山的诗歌全部收罗的巨大工程。在繁重细致的编纂梳理过程中，一座诗词圣山的形象越发清晰起来。

[唐代诗人李白]

在浩如烟海的典籍字纸中，人们发现了一位诗人伟岸的身影——他从 25 岁至 57 岁，曾经 5 次登临庐山。这是一个痛饮狂歌、扁舟破浪、乱发当风的独行者。

当代台湾学者余光中在一首诗中这样描述他：酒入豪肠，七分酿成了月光，余下的三分啸成剑气，绣口一吐就是半个盛唐。

而后世的人们给予他的称号——诗仙。

今天庐山脚下的秀峰瀑布，因为李白的诗依然吸引着众多游客。

对于庐山，那次相遇也许只是恒河细沙的一瞬，然而，就在石破天惊的一刻，盛唐气度、诗人情怀和天造奇观，把 28 个普通的汉字化成珠玑，永久洒落在民族文明的银河中。

因为有了《望庐山瀑布》这首诗，庐山瀑布才得以名扬天下。但人们却不知道，在李白命运多舛的一生中，庐山一直是一个神奇的坐标。

胸怀天下的儒家入世观点，归隐山野的道家隐遁思想，仗剑天涯的侠义精神，李白的一生都在与这 3 种截然不同的人生态度反复羁绊纠结。

公元 725 年，25 岁的李白仗剑出川，开始他大济苍生的梦想。他沿长江流域东至庐山时，被山中景色深深吸引，便萌生"吾将此地巢云松"的愿望，有心若干年功成身退终老于此。

公元 745 年，45 岁的李白南下漫游金陵，第二次游览庐山。就在一年前，他发誓永诀官场。这次，他看中了庐山一处名叫屏风叠的地方。

公元 750 年，李白偕夫人——清丽雅致的名门之女宗氏，第三次登上庐山。当他远眺最为钟爱的五老峰时，"庐山东南五老峰，青天削出金芙蓉"的诗句横空出世。

从那时起，庐山成为李白夫妇共同的寄居之所和精神家园。

公元 755 年，大唐帝国经历了一次致命的动荡。三道节度使安禄山起兵叛乱，翌年便攻陷都城，改国号大燕。

"安史之乱"爆发的第二年，已下定决心再也不问世事的李白偕夫人第四次登上庐山。这一次，他在庐山九叠屏修筑草堂住了下来，并自我鼓励说："吾非济代人，且隐屏风叠。"看上去，年近六旬的他似乎真的彻悟了。

[庐山瀑布]

　　然而，几个月后，镇守东南的永王李璘派使者请李白辅政，天真率性的李白兴高采烈地奉旨出山，不过，李白又一次错误地估计了形势。随军不久，他就糊里糊涂被卷入了宫廷的皇位之争。永王兵败，李白背上了附逆的罪名。流放途中，遇到天子大赦，李白绝处逢生。《早发白帝城》正是那次返乡途中所写。途经九江时，他再次登上庐山。

　　这一次，李白以饱经风霜的心重新审阅大山，写下著名的《庐山遥寄卢侍御虚舟》。在诗中，几乎囊括了今天我们可以看到的所有庐山美景——登高壮观天地间，大江茫茫去不还。黄云万里动风色，白波九道流雪山……

　　寻仙问道的心终究代替不了马革裹尸的夙愿。离开庐山回到南昌家中不久，李白以 62 岁的老迈之躯又一次随军东征平乱，翌年病逝于返乡途中。

　　直到辞世，李白都未尝实现自己入仕报国之梦。然而他桀骜不驯的性格，豪迈奔放的胸怀，摧枯拉朽的热情，浩荡山河的气魄，却从未因挫折与困顿而改变。这是命运对李白的捉弄，却是历史对于中华文明的成全。

　　庐山的文火依旧在延续……

　　李太白辞世半个世纪后，另一个伟大的诗魂也走上了庐山。

　　公元 815 年 6 月 3 日凌晨，当朝宰相武元衡的官轿踏上上朝的街路。然而，杀戮不期而至。

　　庐山脚下的长江，唐时被称为浔阳江。公元 816 年，正在辅佐太子的白居易因为越级上疏奏请严缉凶手，给了政治对手陷害的口实，被一贬再贬，一直贬到浔阳江边，做

[唐代诗人白居易]

了一个品级低下的江州司马。

对于才华横溢，满怀政治梦想的白居易来说，他的人生从此转折。

九江码头所在，在遥远的古代，是黄芦苦竹绕宅生的溢江湿地。1200年前的一个秋夜，两个不曾相识的人在这里相逢，在夜色波光中为彼此的人生以及后世的汉语言文学留下凄美的夜曲。

在冠绝全唐的《琵琶行》里，白居易写出沦落天涯的忧伤和哀叹，从这时起，"同是天涯沦落人，相逢何必曾相识"就成为每一个逆境中的客旅心底的咏叹。

> 《琵琶行》：源于汉魏乐府，是乐府曲名之一，后来成为古代诗歌中的一种体裁。白居易所写的《琵琶行》把处于封建社会底层的琵琶女的遭遇，同被压抑的正直的知识分子的遭遇相提并论，相互映衬，相互补充，作如此细致生动的描写，并寄予无限同情，在以前的诗歌中是非常罕见的。

白居易在江洲一待便是4年，远离朝野的他夜听江水潮起潮落，昼看庐山云卷云舒，以一种逍遥而闲适的态度静观世界与人生。

在这里，白乐天的诗也变得从容优美。"人间四月芳菲尽，山寺桃花始盛开。"山高谷深，挡不住他的诗情。每读这样的文字，山间的春色扑面而来。

白居易一直仰慕和崇敬陶渊明这位前辈，在庐山日久，他也和陶公一样，有了隐居于此，终老一生的念头。有一天，他发现东林寺附近一处山坳，北傍遗爱寺，南靠香炉峰，有密林有流水，景色宜人。他当即决定，在这里修筑一座草堂。

为了纪念这恬静的家园，1200年前的草堂主人白居易写下《庐山草堂记》："春有锦绣谷花，夏有石门涧云，秋有虎溪月，冬有炉峰雪。"字里行间，渗透着喜悦和惬意。

庐山的山水，让白居易受伤的内心慢慢愈合修复。对于厚待他的大山，

人文圣山

白居易用深情的笔触写道："庐山以灵胜待我，是天与我时，地与我所，卒获所好，又何以求焉！"

在群山的怀抱里，从来温婉平和、惯于以长歌描绘爱情人生的白居易，把他所有美好辞藻，聚成《庐山草堂记》。篇首的 8 个大字："匡庐奇秀甲天下山"，激越昂扬。

这里的山水，洗去了他的忧伤。他渐渐地心静，也渐渐地淡定。悄然之间，诗人的人生观也得以改变。兼济天下淡出内心，独善其身渐入人生。

公元 818 年冬，守得云开的白居易结束了江州的生活，前往忠州任职。行前他为草堂写下了告别诗："山色泉声莫惆怅，三年官满却归来。"

而此后，他只是经过草堂留宿了一晚。这以后，便再也没有机会回归庐山。

自魏晋始，至唐宋，庐山已成为中国诗人艺术生涯中必经的圣地。我们无法想象，没有了这自然的奇境，5000 年的诗词殿堂该留下多大的缺憾。

在山脚下的西林寺墙壁，苏轼留下了那首流传千古的名诗："横看成岭侧成峰，远近高低各不同。不识庐山真面目，只缘身在此山中。"一诗出手，即成绝唱，转瞬便家喻户晓。对于面对宦海茫然不知前程的苏轼来说，是不识庐山真面目，还是不识人生和世界的真面目，后世莫衷一是。

西林寺几经毁建，当初的题壁已然不在，不识庐山真面目的诗句却被永久地题写在中国人的心灵中。人生百代无穷尽，然而对于世界和生命的困惑迷茫，古人有之，今人亦然。

蓦然回首，在人生的高峰或低谷，在生命的豪迈与困惑中，对这片大山心向往之的又岂止东坡一人。

欧阳修来过，大呼："庐山高哉，几万仞兮。"

黄庭坚来过，描绘："胜地东林十八公，庐山千古一清风。"

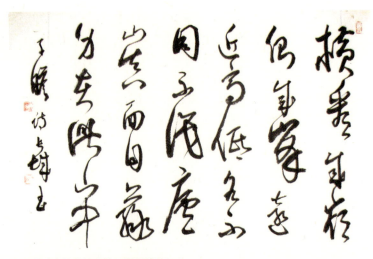

[流传千古的苏轼名诗《题西林壁》]

康有为来过，高歌："开士诛茅五老峰，手植匡山百万松。"

徐志摩来过，慨叹："这眼前刹那间开朗，我仿佛感悟了造化的无常!"

郭沫若来过，吟唱："湖山云里锁，天籁雾中鸣。"

正是这些诗人一次次完美的登场和谢幕，庐山的诗歌才在沧海桑田中聚沙成塔，蔚为大观。

在卷帙浩繁的庐山图书馆，依旧珍藏着陈三立、陈寅恪父子的大量诗词著述。在庐山人心中，他们二人和古往今来所有把心魂交付这片青山的人们一样，都是大山的赤子与骄傲。

"独立之精神，自由之思想"是陈寅恪为王国维题写的墓志铭，人们相信，这 10 个字，恰是庐山文脉以及中华文明薪火得以传承光大的风骨与精髓。

2009 年夏天，庐山又迎来一批贵客——旅居于世界各地的陈氏后人，他们来到祖辈的心灵家园和安息之地，祭奠瞻仰。

国学巨匠陈寅恪先生虽然和庐山只是匆匆邂逅，但长眠于此是他内

[世界各地陈氏后人到庐山祭奠]

[国学巨匠陈寅恪夫妇墓]

心深处的愿望。

　　他的墓碑采自庐山山谷中的冰川顽石，毫无雕琢，亘古不变。同样不变的也许还有几千年来，这座大山所见证的每一个伟大生命，付出一生去不懈追求的同一个夙愿——独立之精神，自由之思想。

问　学

　　"老夫高卧文殊台，拄杖夜撞青天开。"王阳明参理星文，颇有几分仙风道骨的行为，成为文殊台上的传奇之一，一同流传下来的，还有种种猜测：那一晚王阳明独立秋风，有何心意呢？

　　斗转星移，时间过去了500年。

[明代心学大师王阳明]

今天，文殊台上良好的天象观测条件，仍然吸引着众多登临庐山的游客至此。

自古以来，人类从未放弃过与天对话的尝试，因为它承载着我们的愿望，影响我们的心绪。在世界各地，人类曾通过各种仪式寻求与天沟通，寄托对美好生活的愿望。

在科学发达的今天，人们对天的认识已远离蒙昧。庐山气象站的工作人员是当代的问天者。他们每天收集着各种气象数据，为庐山的居民和游客提供重要的出行资讯。

自然界的阴晴冷暖可以预测和防备，但人世多变的，又何止这些。

就在王阳明登上庐山的几个月前，刚刚平定了危及大明江山的宁王之乱，赢得了"大明军神"的美誉，但同时也落下了功高盖主的结论。王阳明在重压之下，只得将全部功劳归于无能的皇帝明武宗。可以对话苍穹，参悟天地的他也无法左右自己的命运。

> **宁王之乱**：宁王朱宸濠是朱元璋第十七子宁王朱权的五世孙，朱权在靖难之役中被朱棣胁迫共同反叛，朱棣答应事成后平分天下，但后来不但没有实践诺言，反而剥夺了朱权的兵权，并将宁王驻地迁往南昌，朱权一直对此十分不满。于是，明武宗正德十四年，宁王朱宸濠在南昌发动的叛乱，仅仅43天后，就被王阳明平定。朱宸濠被处死，并撤销宁王之藩。

在庐山秀峰脚下，王阳明亲自为平叛庆功撰写的记功碑就树立于此。记功碑上的通篇文字把本应该属于自己的战功，全部归于皇帝的英勇英明。文殊台上通大道，秀峰脚下锁近忧，就在一山上下的两处，这位心学大师却留下了极其复杂矛盾的心理印记。生前战功无数的王明阳，死后只落得"用诈任情，坏人心术"的评语。曾因际遇坎坷而发出"浮名于我迹何有"感慨的王阳明也许没有意识到，他的死对于自己可能是个

[王阳明撰写的记功碑]

解脱，但他所代表的儒家心学流派在他死后渐渐没落，却是中国思想界一场影响深远的变化。

心学的没落成全了已经与之争锋几百年的老对手——理学，从此，中国古代思想界的"双雄争锋"变为"一枝独秀"，理学确立了官方哲学的地位，统治中国达600年之久。非但直接左右了当时人文、经济以及社会形态各个方面，及至今天，它对中国社会的影响力，也是千丝万缕。然而理学的思想便发端于庐山。

> **心学**：明朝由王阳明首度提出"心学"二字，并提出心学的宗旨在于"致良知"，至此心学开始有了清晰而独立的学术脉络。他批判朱子理学，倡导知行合一，强调生命的过程，中国的圣人学问由此开始哲学化。王阳明心学属于唯心主义范畴，否认物质对于心（即精神）的决定作用，认为道德靠对本心的体证来实现。

一场雨水，让庐山莲花峰脚下的荷花显得分外娇艳。

"晋陶渊明独爱菊。自李唐来，世人甚爱牡丹。予独爱莲之出淤泥而不染，濯清涟而不妖。"这几句话，出自北宋思想家周敦颐的名篇《爱莲说》。自从有了这篇传世佳作，后世文人的处世态度，就有了牡丹与菊花之外，另一种借喻。

[北宋思想家周敦颐]

　　一生笃爱莲花的周敦颐，同样对庐山情有独钟。他曾作诗"庐山我爱久，买田山中阴"，以抒发对庐山的热爱之情。自从他第一次游览庐山，便有一见钟情之感，庐山清幽的环境，令平生恋慕自然的周敦颐念念不忘，以至在为官之时，就打算离开官职后，终老于庐山这青山绿水间。果不其然，周敦颐告老辞官后，并没有还乡湖南，而是留在庐山莲花峰下。

　　当时，依山林借静读书，择胜地纳徒讲学，是很多儒者的梦想。周敦颐也不例外，他凿池种荷，同时开讲授徒，建立了供读书讲学之用的濂溪书院，因此周敦颐被后世称为"濂溪先生"或周濂溪。周敦颐在庐山莲花峰，完成了宋代理学的奠基之作《太极图说》和《通书》，并培养出两位理学鸿儒，程颢和程颐兄弟，日后更是得到朱熹等人的顶礼膜拜，被后世称为理学的开山祖。

　　在庐山栗树岭，有个以周姓为主的村子，这里生活着周敦颐的后人。自明代弘治年间开始，周敦颐的子孙后裔，遵朝庭旨意，离开老家湖南道县，在庐山为周敦颐护坟守墓，到今天，已500余年。这里也曾是濂溪书院旧址，曾几何时，黄庭坚、苏轼、程颢、程颐、朱熹、王阳明等大家无不来此拜谒先儒。而庐山，也因为周敦颐和濂溪书院，开启了理学传播与书院教育相结合的趋势，为之后理学思想在庐山的蓬勃发展奠定了基础。

　　位于庐山身边，掩映于参天大树之下的白鹿洞书院，与衡阳石鼓书院、长沙岳麓书院、商丘应天书院并称"中国四大书院"，曾被誉为"海内书院第一"，至今已有1000多年的历史。

　　"白鹿洞"3个字，传闻因为唐朝文人李渤豢养白鹿于此陪伴读书而

[周敦颐墓园]

[白鹿洞书院]

得名。南唐时期，这里被称为"庐山国学"或"白鹿国学"，兴盛一时。北宋时期这里更名为白鹿洞书院，但因那时执政的宋真宗规定"不入官学不能应举"，因此书院日渐凋落，风光不再。

公元 1179 年秋天，荒废了 125 年的白鹿洞书院终于等来了一位有缘之人。然而此时的白鹿洞书院，残垣断壁，杂草丛生，洞门犹在却已盛名不负，一切景物让这位来客心生感慨。

[南宋理学家朱熹]

　　这个人就是朱熹，后世把他尊为"朱子"，称其为"六百年理学集大成者"。

　　原本是慕名而来，结果却是怅然若失，白鹿洞书院的景象令朱熹辗转难寐。他上书朝廷：庐山佛堂数百，废坏者无不有人修复，而儒生读书之地，只白鹿洞书院一处，却破败百年无人过问，实在可惜。他恳请重修白鹿洞。

　　就在这一年，中国的北方，历史上最伟大的可汗掀起了统一草原、开疆拓土的征战。而南方，广州等地的农民暴动时有发生，令偏安一隅的南宋政权一筹莫展。朱熹虽两次上书朝廷，得到的却是帝王的冷淡和同僚的讥讽。

　　所幸的是，朱熹并未因此而停止自己兴复书院的理想。他决心凭一己之力重修白鹿洞。从置田筑屋到筹措资金，从延请老师到发榜招生，朱熹事无巨细，亲历亲为，只为春天到来时，白鹿洞书院能够重新启用。这一年，朱熹49岁……

　　800多年前，在一个充满希望的春天里，白鹿洞书院开学了。

　　开学当天，第一个登上讲台的老师，便是朱熹。这堂课所讲的是《中庸首章》。从这一刻开始，白鹿洞书院进入了一个崭新的时代，在当时科举为重的社会里，朱熹推行的诸多教育理念为后世的人才培养塑造了重要的模式。

　　朱子认为，道德习惯如不在儿童阶段培养，不仅贻误个人，还有害于社会。

　　朱熹把一个人的教育分为小学和大学两个既有区别，又密切关联的阶段。儿童教育在于培养"圣贤坯璞"，即雕琢璞玉，在朱熹看来，此时若不能正确教育，长大后就有可能做出违背伦理的事情来。朱熹提出，小学教育在于"教事"，小到穿衣戴帽的规矩，大到孝悌忠信的纲常；都是小学教育的重要学习内容。学子 15 岁以后，即要接受大学教育，重点在于教理，即探求事物之所以然。

　　白鹿洞书院新的时代，不仅仅在于教学的恢复，朱熹还有效地把推广理学和书院教育结合起来，亲自为学院制订了学规，即今天在白鹿洞书院仍可见的《白鹿洞书院教条》，又称《白鹿洞学规》。这项学规是中国教育史上第一个集教育目的、教育形式、教育法则于一身的教育方针。

　　《白鹿洞书院教条》充分体现了朱熹坚持以儒家经典为基础的教育思想。他针对当时的官学体系腐败，教育目的庸俗的混乱局面，有针对性地提出了书院的办学和教学模式。要求学生们先明义理，尔后正其心、以修其身，然后行之于事，再推己及人，进而齐家、治国、平天下。这是一个理学家的理想人生。

[白鹿洞书院教条]

　　白鹿洞学规出台后，得到同时期其他书院的仿效和推崇，乃至官办学校也都参照此学规推广或运用。可以说，白鹿洞学规成为影响中国教育几百年的最高法则和唯一准绳。

　　朱熹教育思想中树立远大理想，遵行道德规范等内容，对于今天的教育仍有可借鉴意义，但他推崇的收敛心性，"存天理、灭人欲"的主张，

[南宋心学代表人物陆九渊]

显然与当代教育提倡的解放个性，鼓励发挥创造力的内容有所出入。

其实，天理与人性的矛盾，自古至今都是学者们争论不休却又无法回避的问题。朱熹坚持：天理即是伦理道德，存于人的内心之外，是个人必修的道德规范。而与此同时，另一个人却说，宇宙大道存于心，诸多道德都是人的内心固有的，人的内心本性才是道德的根本。这个人就是心学的代表人物陆九渊。

> 陆九渊：南宋著名理学家和教育家，与当时的朱熹齐名，史称"朱陆"他融合孟子"万物皆备于我"和"良知"、"良能"的观点以及佛教禅宗"心生"、"心灭"等论点，提出"心即理"的哲学命题，形成一个新的学派——心学，被后人称为"陆子"。明代王阳明发展其学说，成为中国哲学史上著名的"陆王学派"，对近代中国理学产生深远影响。

朱熹与陆九渊关于"心性应该约束还是应该释放"的争辩也就是理学和心学两大思想体系长达数百年学术争锋的焦点。

事实上，早在1175年，也就是朱熹重修白鹿洞的前4年，他与陆九渊在上饶鹅湖寺就有过一次意义深远的对话。在治学方面有着极大分歧的朱熹与陆九渊和陆九龄兄弟，进行了长达3天的激烈辩论，最终不欢而散，史称"鹅湖之会"。

今天，参观白鹿洞的游客不难发现，在碑廊中有一块格外醒目的石碑，题为"白鹿洞书堂讲义"，作者竟是陆九渊。陆九渊的讲义怎么会出现在白鹿洞？朱熹又为什么要替这个学术宿敌的言论树碑立传呢？

公元1181年，白鹿洞书院恢复办学已一年有余，书院的一切事务在朱熹的安排下有序地运行。朱熹自命白鹿洞洞主，主持学院教学。那时，理学初立，影响力尚小，但朱熹并不因为推广理学，而排斥其他学派。

他不断邀请多方学者来白鹿洞讲学，以增添学子们的见识。

在众多邀请中，一个人的如约而至令他惊喜万分，此人就是心学掌门陆九渊。

后世之人，常把长达几百年的理学、心学争辩视为水火不容，其实，在学术上严谨治学的朱熹与陆九渊，具有宽阔胸怀和视野的宗师气度已超越了世俗间孰是孰非的狭隘争执。

陆九渊在白鹿洞的讲演，名曰"君子喻于义，小人喻于利"，讲到高潮时，朱熹与旁听者无不感动得为之流泪。朱熹令人记下陆九渊的讲义刻于石上，这就是今天这块石碑的来历。

[陆九渊的讲义被刻于石上]

正因为有白鹿洞书院的学规和朱熹对待不同思想观点争端持有的开阔胸襟和姿态，白鹿洞书院才有了比其他书院更开阔的视野和更深邃的内涵。这里不仅日渐成为当时全国的学术中心，而且在很多年后，人们仍然认为它是"天下书院之首"。

就在朱熹邀请陆九渊到白鹿洞讲学的同一年，朱熹因解职回乡，离开了白鹿洞书院。此后，他仍以传播理学和推广书院教学为重要使命，亲自修订了日后科举考试的教科书——四书，而建立名扬天下的武夷精舍、漳州道院和岳麓书院等理学传播场所，更有着朱熹的心血。白鹿洞书院的兴复和扬名，成为朱熹推广理学思想的重要标志，白鹿洞书院的命运也和朱熹的命运紧紧结合在一起，随着朱熹名声的扬抑，它在历史中也几经沉浮。

> **四书**：《四书集注·朱熹集注》的简称，指《大学》、《中庸》、《论语》、《孟子》四部书。自宋代以来四书是中国人必读的书，作为当时人们的基本信仰与信念，成为其安身立命之道。梁启超说，《论语》《孟子》等是两千年国人思想的总源泉，支配着中国人的内外生活，其中有益身心的圣哲格言，一部分早已在全社会形成共同意识。

朱熹的学说，在他生前实际上是被打压的，公元1198年，朱熹的学说被朝廷称为伪学。两年后，朱熹去世，当时只有辛弃疾一个人去送葬，非常凄凉。朱熹死时，一定不会想到，他修订的四书日后会成为科举考试的正式教科书。此后9年，南宋政府给他恢复了名誉。

今天的白鹿洞书院，保存着一块"学达性天"的匾额，这是推崇理学、崇敬朱熹的清朝皇帝康熙亲笔所书，许多书院都曾悬挂此匾，以传达王朝天子对众多书院传承理学、培养人才所作贡献的肯定。

周敦颐、朱熹、陆九渊、王阳明这些大家研修的哲学思想，在清朝终被官家热捧，称之为"宋明理学"，那些留迹于此的历史故事也丰富了庐山文化的底蕴。

白鹿洞书院不仅成为理学思想汇聚庐山的代表，更成了中国思想界的一座丰碑。近代学者胡适曾这样总结白鹿洞书院的价值：白鹿洞，代表着中国近世700年的宋学大趋势。

今天的白鹿洞书院旁边，一座江西进士榜、状元柱引人注目。在这些因为个人努力获得功名的名字里，不乏一些在历史上彪炳千秋的名人，他们都曾访学或求学于此。他们让后人感叹白鹿洞书院的人才辈出以及白鹿洞书院在中国教育史上作出的卓越贡献。

朱熹时代的小屋已然不见，但在书院自然环境里，却处处可见朱熹留下的痕迹。石头上、溪流下、桥壁中，他遒劲有力的字迹，让人们回味无穷。

更重要的是，因朱熹而复兴的白鹿洞书院，在近千年的历史更替中呈现出来的起伏兴衰，为我们民族文化的绵延和深化提供了真实的记忆。

依山林，寻僻静的书院读书方式，因时代的变迁一去不复返了。今天，因白鹿洞开办的文化讲座，仍然丰富着人们的视听，这些延续白鹿洞书院兴学传统的活动，使现代人在获得新知的同时，将不自觉地沉浸在白鹿洞曾经的传说之中——书声琅琅之余，有呦呦鹿鸣为伴。

诰　封

642 年前，一位名叫朱元璋的孤儿登上帝国之巅，他的生前身后，人们至今还在争议。然而，自他开创的明帝国始，庐山便成为赫赫皇家之山，这座名山也拉开了政治篇章的幕。

明代以前，庐山已经家喻户晓，在中国人心目中，那里是活动的画境，现世的桃源，外边的一切纷扰、杀戮、离乱都被隔绝在松涛之外。

当中国北方在游牧民族和农耕民族的反复拉锯战中成为主战场时，包括庐山在内的长江以南地区却成为狼烟中的桃源乐土。

元代无名氏的《朝天子·庐山》，用诗一般的语言描绘了那时中国人对于这座神仙山的神往：

早霞、晚霞装点庐山画。

仙翁何处炼丹砂？

一缕白云下。

【明朝开国皇帝朱元璋】

客去斋余，人来茶罢，叹浮生指落花。楚家、汉家做了渔樵话。

公元 1275 年，身处大都的蒙古大汗忽必烈接到前线捷报，南宋江州失守，蒙古铁骑驰骋庐山之麓，这座长江南岸的山岳第一次被北方游牧民族占据。

元朝社会的等级划分中，这里的居民被称作南人，属于最低贱的种群，在异族统治者眼中，他们与牛马无异。南人每 20 家被编为一甲，身为甲长的蒙古人拥有对他们生命、财物、妻女肉体的绝对支配权。

在庐山余脉的黄岩鼓子寨，残存着 600 年前的营垒遗迹。元末，邢万户、张野鸡两名庐山山民率众扯起反旗，啸聚于此。

当时的中国，揭竿而起者此起彼伏，经过数年征战，庐山脚下的九江成为两支农民武装争夺的焦点。

长江中游的陈友谅和江淮地区的朱元璋渐成皇位的有力争夺者，经过一系列拉锯战，朱陈两大势力在九江对峙。

公元 1363 年初秋，两军开始在庐山脚下江边古城会战，平静安闲的江城即将迎来一场决定谁是王侯谁是草寇的屠戮。

如今的鄱阳湖大桥下面，是长江和鄱阳湖交汇处，1363 年 7 月初六，中国历史上著名的鄱阳湖水战在此拉开序幕，朱陈双方投入约 80 万兵力，经过 37 天鏖战，人数处于劣势的朱元璋水军，利用古老的火攻战术，彻底歼灭了陈友谅主力部队，清除了权力顶峰途中最大的障碍。

公元 1392 年，鄱阳湖和庐山又恢复了平静，这时统一的多民族明帝国已经建立了 24 年。按照太祖朱元璋要像爱护幼鸟、小树一样爱护民生

人文圣山

的理念，经历多年战乱的黎民终于有了难得的休养生息。

然而，随着一道敕令的传达，庐山方圆几百里的静谧顿时被打乱，人们无法预料到，他们的命运即将被卷入一项浩大持久的皇家工程，而他们的家园——庐山的历史也即将被改写。这一切，都因为一个他们从未见过，也少有耳闻的仙人。

这个虚无缥缈、云遮雾罩的神仙是一名叫作周癫的游方僧人，没有人知道他的确切故事，但远在金陵的洪武皇帝，坚称周癫在庐山修行期间，大施神迹，帮助自己打赢了和陈友谅的生死之战。

为怀念这位倾力相助的神人，洪武二十六年，皇帝决定为他造像，并在高入云端的庐山之巅树立御碑。

为表彰这位子虚乌有的神人，在遥远的金陵，用优质大理石打造的石碑上，著名书法家詹希源手书皇帝2000余字的《周癫仙人传》，由当时最优秀的工匠镌刻在石碑上。

为了将巨大的石碑运到庐山顶，负责整个工程的内务府决定，用附近州府的民夫，从山脚下的赛阳修筑一条能到达山顶锦绣的小路。这在庐山的历史上尚属首次。

建成的这条险峻道路，有一个叫人胆战心惊的名字——九十九道盘古道。当年，它是进出庐山的第一条人工道路。今天，行走其间，视线不时被葱郁的灌木遮挡，不过，即便走过600个年头，当年留下的许多印记依然向我们提示着那段艰苦的开路岁月。

路边的大石上，明显可以看到打钎的痕迹，文物工作者认为，这很可能是当年筑路民夫弃用的铺路石。

在九十九道盘古道顶端，一块岩石上镌刻着"内府潘四修路"的字样。

历史学家基本认定，身为明朝内务府官员的潘四，是当年修路工程的主要监督人。

在艰苦的工程即将告总竣之际，受命监督的内务总管潘四留下了自

[第一条进庐山人工路: 九十九道盘古道]

己的名字, 在他的心目中, 他理应和这青山古道一起被后世铭记。

在所有官方典籍和资料中, 并没有关于当年修路人的记载和描述, 那些被役使的民夫们, 是不是也在大山里留下了自己的名字呢?

带着这个疑问, 庐山文物管理所的工作人员从 1982 年开始, 仔细考察了九十九道盘古道沿线, 经过近 30 年的田野调查, 发现了 6 处和当年修路人有关的明代石刻。那些被风霜磨砺的刻字, 是关于那些卑微生命的唯一记录: 驿传道冯修路; 九江府邹修路; 南康徐捐金十两。

经历了近一年时间的突击劳作, 御道建成, 而新的难题接踵而来, 庞大的御碑如何上山? 诸多史料中, 并无关于运送御碑方式的详尽记录, 然而, 后世的历史工作者, 却基本认定, 庞大的御碑主要是由人力驮运到山巅的。

对于习惯负重踏遍青山的当地男丁来说, 这样极具挑战的任务他们也是第一次面对。

第一步, 要在林莽中仔细挑选一棵质地紧密、强韧的大树, 作为驮运御碑的负重主干，被当地人称为"大龙"的这根原木，是整个系统的中枢和集中承重部分。

运送御碑的负重系统，包括一根"大龙"、两根"大牛"和八根"小牛"。上路之前，经验丰富的山民用绳索将所有部件紧密连接，绳索的分布实际上起到了分配重量的作用，而架龙高手们，自然知道怎样让驮运的同伴们更加轻省和高效。

公元 1393 年的一天清晨，4 米高、1.3 米宽、0.3 米厚的御碑上路了，根据历史学家估计，当时整个庐山山麓的壮年男丁都被发动起来，轮流驮运这重达数吨的巨碑。

[庐山修路人留下的石刻]

在苍莽群山中，驮运的队伍如蝼蚁般艰难行进。

整个工程从修路到御碑被运上锦绣峰，历时近两年。明史对此只有寥寥几笔描述，"太祖遣官祭庐山周癫仙立御制碑"，而参与这个庞大项目的民众有多少，他们的命运如何，历史上没有留下任何记载。

一块代表皇家最高威仪的纪念碑在群山之巅竖立，一个有情有义

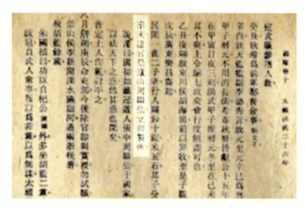

[明史对刻碑的描述寥寥几笔]

[御碑亭]

的开国明君形象也在四海之内彰显。

就在御碑落成的 1393 年秋天，战功卓著的凉国公蓝玉满门被诛，株连 1 万多人，史称"蓝案"。此时，跟随朱元璋征战多年，立下汗马功劳的一班文臣武将，已基本被他诛杀殆尽。

几年后，为御碑书写碑文的詹希源在为南京皇宫书写匾额时犯了忌讳，被斩首示众。

这个以日月光明作为国号的帝国，却以严酷和黑暗的专制压迫著称，它独创的厂卫制度，更是让人闻风丧胆。

而与此同时，明帝国的最高统治者继续向仙界施恩。

据历史记载，朱元璋为纪念周癫，敕令扩建了巨大寺庙群，寺庙落成开光之际，皇帝亲赐乌金太子像、象皮鼓、铜钟、铁瓦 4 件宝贝，以示隆恩。在庐山博物馆暗淡的地下室里，存有出土于天池寺旧址的明代铁瓦，现存的文物确凿地表明，史书所言不谬。

对于朱元璋来说，这一切还不够。

庐山于他似乎有着特殊的意义。或许是他在庐山脚下转败而胜，最终称帝的缘故，又或许庐山是他心目中可与上天沟通的地方，而锦绣峰和天池寺，云蒸霞蔚，具有让他的故事更为逼真的氛围。紧接着，他又加封庐山为岳，以尊号，禄以秩祀。

人文圣山

纵观几千年的中国历史，最高统治者们对于山岳的敬拜和尊崇古已有之且绵延不绝，在中国古代人的世界观中，高耸入云的山岳一向是最高权力的象征和代表。

明代的庐山，在皇室殊恩之下，与东岳泰山、南岳衡山、西岳华山、北岳恒山、中岳嵩山享有了同等尊荣。因此，自春秋以来便有五岳之说的中国又多出一岳：庐岳。

朱元璋下诏，命庐山脚下的星子、南康两地官员每年都要沿着九十九盘山路登顶庐山，到天池寺躬祭。

今天的庐山，明朝遗留下来的古迹已经不多，不过，少数保存至今的明代建筑内，却留有一些耐人寻味的蛛丝马迹，让我们得以管窥当年的统治者们微妙的心理活动。

建于明代初期的天池塔，隶属于天池佛寺，不过，塔内部顶端的纹饰，却是典型的道教八卦图案。

为了让政权看起来更加顺应天道，朱明皇室抱着彻底的实用主义态度，在皇家山岳——庐山上创造着一系列神话。

据明史记载，整个明朝，在庐山曾出现 13 次蛟龙腾空的景象。龙，在封建社会的象征意义不言而喻，庐山是否真有蛟龙，无据可考，但从这样的描述中不难看出，这座山在那个年代所享有的无上尊崇。

公元 1403 年，明成祖朱棣即位，新皇继承了父亲的江山，也承袭了先皇对于庐山的崇敬。

即位不久，他就下诏，把以庐山天池为核心，"东至五老峰，南至白云峰，西至马鞍山，北至讲经堂"的广大地域辟为

[明成祖朱棣]

皇家禁地，禁止任何形式的砍伐、开垦、狩猎。从此，庐山专属朱姓家。

此后200多年的时间里，因为这纸禁令庐山的自然环境得到了宝贵的涵养机会，今天我们看到了青葱山谷，鸟语花香，间接受益于这漫长的山禁。

因为开国君王的垂青，明朝历代皇帝都对这座大山眷顾有加，万历皇帝的母亲慈圣皇太后笃信佛教，为了表示对庐山黄龙寺的尊敬，她亲赐藏经画卷以及镏金佛像等稀世珍品，以示皇家的器重。

为报答皇太后的恩典，当地僧人在黄龙寺附近的密林幽深之处，建了一座石结构的亭子。亭中立有石碑，上面刻着皇帝的圣旨和赞颂皇太后施舍佛经的文章，这便是著名的"赐经亭"。

[赐经亭]

三代皇帝的敕封，两座御碑的树立，让庐山在明代成为显赫一时的皇家山岳，明代以前，庐山更多为高僧名道、文人墨客所瞩目，明代以后，随着它在国家政治生活中的地位日高，庐山，已经开始成为华夏大地上一座政治名山。

因为皇室的重视和仰慕，在明朝，瞻仰庐岳成为文人雅士、上流社会的一种风尚，人们不远千里，纷至沓来。

人文圣山

[云海中的庐山]

雾绕庐山，是这里常见的景观，每天大雾降临，山中人往往不知身在何处。当明朝著名的才子唐寅走进庐山时，他遇到了同样的困惑，一年春天，投奔南昌宁王的唐伯虎敏锐地洞察到宁王朱辰濠造反的图谋，深谙政治规则的他为了避祸脱身，不得已，只有装疯。

金蝉脱壳的唐寅在回归故乡苏州的途中游历了庐山，迷茫大雾中，写就了"匡庐山高高几重，山雨山烟浓复浓"的诗句。在如山岳般浩大，如浓雾般迷离的皇权世界里，看清前路与未来并不是一件容易的事情。

公元 17 世纪中叶，明帝国的江山社稷遭遇了一场惨烈的动荡与震撼，皇土永固的梦终于惊醒了。1644 年甲申，笃信天命所归的朱洪武亲手缔造的大明朝并没有逃脱中国历史上王朝兴衰的铁律，一个曾经浩大恢弘的帝国，大厦倾倒，烟消云散。

盛衰兴亡的轮回之后，历史又走回了离乱的起点。

而庐山，依旧在秋云冬雪中俯瞰社稷兴亡，静观世间沧桑。

中国人喜欢把天地自然看做有生命的实体，他们相信，万物的运行生息、人类社会的演进发展，都是天道使然。然而，一个个自命奉天承运的王朝却依次由盛及衰，灰飞烟灭，天道何在？天道又是什么？每代人都在思索和追录。

明亡 16 年后，一位叫黄宗羲的思想者走进了庐山，离开庐山后，他写下了《明夷待访录》，第一章叫作《原君》，皇帝是不是真的受命于天，王朝帝国盛衰的天道究竟在哪里？在经历 2000 余年皇权长夜之后，黄宗羲第一次画出中国人启蒙的问号。

又是 300 年过去，经历了天翻地覆变化的中国终于看到了黎明的到来，而这里的人们也即将走出历史怪圈，作出方向性的抉择。在这个大时代到来的前夜，一位同样钟爱庐山的伟人写下这样的诗句：天若有情天亦老，人间正道是沧桑。

历经沧桑的庐山，今天已经成为游人如织的旅游胜地，游客们大都淡忘了这里昔日的荣光，而不老的青山，依旧在亘古不变的云卷云舒中走过春夏秋冬。对于山来说，所有的事情，或许只是它经历的一个瞬间。

牯　岭

初来庐山的游人总会惊诧，这里竟有一座设施完备的小镇，可为游人提供一切日常所需。而庐山周边的人们常会选择来这里度过周末。

然而，一个多世纪前，这里除了砍柴的山民和零星的探险者，几乎人迹罕至。1886 年初冬，一个来自西方的年轻探险者在中国向导的引领下，走上了九十九盘登山的路，他有个中国名字：李德立。他从镇江到达汉口，又由汉口乘船抵达九江，他只有 22 岁，这次登山的目的原本极其简单，只想在这山中选一块地，建一座可以避暑消夏的房子。

就在李德立登山的这一年，中国正经历着大难将至前的阵痛。无限风光的太平天国灰飞烟灭，击败洪秀全的曾国藩也患恶疾而终。中法战争以清政府的失

【英国人李德立】

败宣告结束。以李鸿章为首的洋务运动颓势渐显。大清王朝在列强的坚船利炮之下，早已门户大开，九江在1861年作为通商口岸已向西方开放。驻上海的英国总领事租下黄浦江边的830亩荒地，"租界"由此在中国出现。

太平天国运动： 由洪秀全、杨秀清、萧朝贵、冯云山、韦昌辉、石达开等组成的领导集团在广西金田村发动对满清朝廷的武力对抗，是19世纪中叶中国的一场大规模反清运动。1864年，太平天国首都天京陷落，起义失败。它同所有失败的农民起义一样，没有远大的战略眼光，由于领导集团政治上过早的封建化，组织上不能始终保持领导核心的团结等因素，最终遭到内外镇压，陷于失败。

九江，正如长江沿岸的许多城市一样，因为交通便利，成为很多西方人的首选。但他们却很难接受一个现实，那就是每到夏季这里的炎热。近一个世纪前，因为炎热和卫生条件不佳，导致有人中暑甚至患病的事情并不鲜见。遍数长江沿岸的上海、南京、武汉、九江等各城市，气候，成为妨碍那些水土不服的西方人来此定居的最大阻力。

然而长江之畔还有一座清凉之山，千百年来庐山的清凉一直驰名天下。

庐山处于亚热带季风区域，北倚长江，东临鄱阳湖，山高谷深，具有显著的山地气候特色。一年中雨量充沛，气温则随山势高度而递减。因此，在炎热的夏季，山间的凉爽对于山外的人来说，是一个巨大的诱惑。

早在1870年，法国传教士就在庐山脚下莲花洞建起了第一幢别墅。此后，俄国人在庐山北麓龙门山南的九峰寺附近租下了九峰寺正殿背后的房屋，并将之改成洋房别墅。据说，李德立也曾试图在九峰寺购地，但未成功。

酷暑难耐的九江，清凉怡人的庐山，法国人和俄国人的成功先例，让

[避暑胜地庐山]

李德立坚持这次庐山之行。当李德立终于登上位于"牯牛"和"屋脊"两座山岭之间的 "女儿城"，俯瞰岭下开阔平坦的长冲谷，包括他在内的所有人都不会想到，庐山的人文历史将由此刻开始迎来一个崭新的时代。

李德立回忆录中写道：山巅原为一片荒郊，豹虎野猪所出没的地方，间有一二烧野山者寄居其间，这片荒地是从来没有主人的。

今天，庐山的别墅享誉海内外。600 余栋遍布山间的别墅姿态各异，很多别墅已经存在 100 多年，它们几经易手，主人的命运也各不相同。但有一点相同，它们最初的主人都是从英国人李德立手中购得建房的土地。事实上，自李德立登上女儿城的那一刻起，一次小范围的私人购地计划渐渐衍变成影响整个庐山历史的土地变革。李德立决定拥有这片广博的土地，不仅是要建造几幢房屋，而是要建造一个可以容纳更多人的天堂乐园。他向当时的中国官方提出租借庐山土地的请求。

深谙中国官场的李德立很快想出了办法，他一边借助英国领事的关系向中国政府施加压力，一边极为隐晦地贿赂负责此事的中国官员。

经辗转几位中国人之手，几个月后终于如愿以偿地转租到庐山 4500 亩土地。

从九江市区到庐山脚下的莲花洞，原本有一条公路，叫九莲公路。九莲公路号称江西第一条公路，清朝末年就已修通，总长只有 13 千米。为了让人们更方便地从九江上庐山，李德立决定从莲花洞开辟一条道路，一头与九莲公路相连接，另一头直上牯岭。这条路总长约 9 千米，名为莲牯路。

在机械简陋的时代，山间修路，难度极大。莲牯路中途有一段悬崖，壁陡石硬，没有工人敢接手这项工作。最后李德立咬咬牙，花大价钱，才辗转从湖北大冶请来高手艺的石工。石工们用了一个多月的时间，硬是从这段峭壁上开凿出 1200 级台阶。这 1000 多级石阶路，便是庐山著名的"好汉坡"，也正因修了这段山路，大冶石工在庐山闯响了名声。尔后的庐山别墅建造中，云集着大量湖北大冶石工，也正是由此而始。

这样一来，居住在九江或周边的西方人只需要从莲花洞雇一顶轿子，便可以一路欣赏着湖光山色，在不知不觉间到达牯岭。这与行走当年明洪武皇帝敕令修建的九十九盘相比，是质的飞跃。今天，上下庐山已经有了更加便捷的交通，大多数游客没有勇气也没有时间从这里走。但在一个多世纪前，它却是通向庐山的最高级道路。

有了这条路，李德立的梦想才可以变为现实。但在当时，

【牯岭小镇】

[庐山 "好汉坡"]

对于庐山本地人来说，这个西方人的梦想让他们越发不安起来。

就在李德立踌躇满志的时候，庐山以外的中国正在经受着前所未有的痛楚。1895 年 4 月，中日甲午战争以北洋水师的全军覆没告终。清政府所表现的无能与懦弱愈来愈甚，而在广大的中国平民中，一股仇视外国人的情绪却愈演愈烈。这种情绪也蔓延到庐山。

北洋水师：1888年，清政府每年拨出400万两白银建设海军，分为三洋建设：北洋水师负责山东及以北之黄海，南洋水师负责山东以南及长江以外之东海，两广水师负责福建、南海。它是清朝后期建立的第一支近代化海军舰队，也是清政府建立的三支近代海军中实力和规模最强的一支。1894年在中日甲午海战中全军覆没。

一天下午，一群人在山路上截住了李德立和他的家人，他们认为这个外国人的一系列做法危及到了祖宗根脉，要严惩他们。靠着一杆随身的火枪，李德立侥幸震慑住山民，得以逃脱。夜晚，愤怒的人们放火焚烧了他在山上的住所，被称为汉口峡一号的一幢木结构别墅。

浔阳道台把这件事情归为民间纠纷，一度搁置，但汉口峡一案却惊动了英国政府，以致英国驻浔阳领事亲自出面督察。鉴于事态升级，迫于压力，浔阳道台与英方代表签订了合约。英国公民李德立重新获得牯岭土地的租借权，期限 999 年。

在牯岭南端，有座隐匿在松林深处的房子叫作"玻璃屋"，当年，它是李德立最得意的私人别墅。很多对庐山影响深远的计划都是在这幢房子里诞生的。

拿到这份无比优惠、几乎是一本万利的租约，李德立开始实现他梦想的最后一个阶段。他请来英国工程师甘约翰和德国籍工程师李博德与他共同开发牯岭。他们先是成立了牯岭公司，通过公司来管理和运作。

接着，他们将地皮划分成块，并逐一编号，然后，向全世界叫卖。他们充分利用传媒大做广告，极力称赞庐山的美丽纯净以及夏日的凉爽。李德立为这片原名长冲谷的土地重新取了一个名字，英语中的"cooling"，是"清凉"的意思，音译为汉语就是——牯岭。

【松林深处的李德立私人别墅玻璃屋】

正如李德立的判断，几年工夫，牯岭的土地便销售一空。李德立的成功，吊起了其他西方人的胃口。紧接着，法国人、俄国人、美国人都接踵而至，纷纷以各种方式进入庐山。庐山的地皮也一点一点地被瓜分。一时间，放眼望去，山上尽是金发碧眼的洋人。

李德立等人斥资打通了庐山与九江之间的第一条正规公路，闭塞的庐山从此敞开了一扇大门。他们顺着山势以石径铺就社区内的各条通道，形成道路网格；他们沿着长冲河呈轴线展开英国式自然园林，开辟步行的游览路线；他们在平坦的河滩上种植大量草坪和树林，让人们居住在风景之中；他们有章有法地修建了路灯，让山上的夜晚灯火通明。他们编号出售的土地，每号 3.7 亩的面积上，只准盖一幢别墅，建筑密度控制在 15% 以下。还有一条更为要紧：所有别墅不统一式样，完全由个人自行发挥。

带着强烈的自由姿态，别墅出现在庐山之巅。它们富于生气的尖顶，敞开或封闭的回廊，精致的老虎窗和烟囱，粗犷而厚重的石头墙面，高耸的驳坎和低矮的短墙，一切都带着鲜明的全然与中国风格不同的异域情调，使用着与中国建筑全然不同的语言符号，以一种几乎全盘西化的派头出现。这个地方就成了中国近代最美丽的花园城市。

1896 年，庐山成立了最高权力机构：大英执事会。7 名英国传教士和两名美国传教士成为委员，主席是李德立。整个牯岭建立了一套自治机构，完全按西方人认定的民主方式来建设和治理庐山。

到 1927 年，山上已有别墅 560 栋，居民几千人，分别来自世界 15个国家：英国、美国、法国、俄国、德国、瑞典、芬兰、挪威、日本、加拿大、意大利、葡萄牙、奥地利、丹麦、比利时。到 1931 年，又增加了荷兰、捷克和希腊。这么多国家的人如此集中地居住在一起，就像一个微缩得小而又小的自成体系的世界。当然，这个世界的主人就是德立。

李德立回忆录说：庐山从今日后，再不为野兽所居处了。它已成为

【异域风格的庐山别墅】

【异域风格的庐山别墅】

有利之区了。它不但对于西方人，做了一个避暑区域，使他们不再受平原炎热之苦。同时，又能给与本地居民以工商的利益。四乡传言，他们将要加冕于我，立我做"牯岭之王"。

　　随着别墅的繁荣，租借地以西的地盘，为配合西方人的生活和建设，也形成了中国人自己的城镇。中国人从事的职业主要是服务行业，洗染店、理发店、绸布店、洋铁店、京果店、茶叶店，诸如此类。靠中国人的努

[异域风格的庐山别墅]

[异域风格的庐山别墅]

力劳作，山上避暑、康复、疗养以及学习、游览、娱乐种种生活所需设施，一应齐全。1921 年出版的《庐山的历史》一书中说："牯岭的娱乐设施

人文圣山

[庐山别墅群]

是无与伦比的。"

最初，牯岭俨然被当作租界。西方人自行设置了巡警，维持治安。以致山上一般百姓也都将租地称作"租界"，使得中国官方不能过问山上租地内的事宜。

1927年，外交部特派驻九江交涉员林祖烈发现，这种状态显然侵犯了中国的主权，便致电江西省政府。这时人们方恍然大悟：牯岭的洋人避暑地属于私人租赁，与租界的性质完全不一样。于是在这一年，中国官方将警察行政权收了回来。牯岭被正名不是租界，而是特区。

其实，不论牯岭地皮的性质究竟如何，有一点显而易见，外来的西方文明与古老的东方文明正在这座山谷中交相辉映，这里已成为近代中国最独特的地方之一。正如学者胡适所说："牯岭，代表着西方文化侵入中国的大趋势。"

　　李德立共在庐山牯岭度过了33年。33年间，中国乃至世界都处在动荡不安之中，有很多惊天大事在山外发生。世界大战、推翻清朝、自然灾害、瘟疫流行、军阀混战……每天都有枪炮在响，都有人死去。

　　可在庐山的牯岭，却依然一派水波不兴的样子，所有的事情都按部就班有条不紊。仿佛整个世界都刮着龙卷风，而庐山这么一个小小天地包容着那么多国家的人，却悄然地待在它的台风眼里。他们在鸡犬相闻中和平相处，生活就像庐山山谷中的早晨一样，淡泊、宁静，一派田园牧歌的景致。

　　对于那个改变了庐山历史的西方人，有人说他是哥伦布式伟大的探险家；有人说他是精明的商人，甚至说他是中国最早的房地产开发者；有人说他是无耻和贪婪的骗子；还有人说他是极富野心的殖民者。因为牯岭的成功开发，后来在大英帝国的海外殖民拓张中他被委以重任。

　　李德立回忆录中说：我现在已把开辟牯岭的经过事实陈在大众面前，希望这些史实的记载，于当年幕中人散台后，能留永久的兴趣和价值在人间。

　　1921年李德立离开中国，1939年死于新西兰，享年75岁。1935年，牯岭租借地被中国政府正式收回。